わからないまま考える

山内志朗

文藝春秋

わからないまま考える

目次

第1章 哲学は答えを与えてくれない

第2章 世界と〈私〉の間にあるもの

Artwork　Peter Weber
System + Zufall C6 – 2000
Cotton folded, framed
WVZ 2000/10 (catalogue raisonné)

装 幀　関口聖司

わからないまま考える

第1章

哲学は答えを与えてくれない

東京で溺れない哲学

二〇一八年の正月に家族で広島に旅行して、尾道に向かう途中、車窓から瀬戸内海をじっと眺める時間を持つことができた。冬の瀬戸内海は穏やかで暖かく、のどかな光景が広がっていた。冬の日本海の荒々しさに二〇年ほど慣れ親しんでいると、別世界としか思えない。

私は雪国山形に一八歳まで住んで、東京で一〇年ほど過ごした後、新潟で一九年間住み続けた。人生の半分以上を日本海沿い、いわゆる「裏日本」で過ごしてきた。

「裏日本」と「表日本」という用語は、差別的な意味合いがあるためか、もはや用いられないが、山形と新潟に長く暮らした人間としては、「裏日本」と表現してもらわないと、日本海の暗さは表現されないと感じる。「裏日本」ということが、自分の本質に染み込んでいる。いくら拭っても落ちることはない。

西田幾多郎も日本海のそば（石川県宇《う》ノ気《け》村、現在かほく市）に生まれた。西田が一生守り続けた概念、「絶対矛盾的自己同一」は厳つい顔つきの用語に見える。言葉で説明すると、「花は花にして花にあらず。花なることと花ならざることは同一なり」となってしまい、高尚すぎて理解できない理論に見える。だがその本当の姿はきっとそうではない。日本海の寂しげな砂浜に静かに一人腰掛けることを散歩がてらに西田は好んだという。今も西田の振る舞いを真似して浜辺に座ると概念の姿が心に浮かぶようになってくる。西田は、体の中に湧き起こってくるイメージを動かないように、波によって消されないように、硬い漢語に込めようとしたのだろう。

裏日本に生まれた哲学が、どんよりとした日本海が似合うような雰囲気を持つのは不思議なことではない。和辻哲郎のように、瀬戸内海のそばで、西日本の穏やかな地域から生まれた哲学と雰囲気が異なるのはよく分かる。

冬の日本海は、「津軽海峡冬景色」がぴったりと当てはまる、暗く重い世界だ。暗く重い世界を担って生まれた人間はそのような世界を持ち続けながら生きる。

だからなのかどうか、私は大学に入ってハイデガーの「世界内存在」という概念を習っても、心は躍らなかった。机の存在と人間の存在とは同じ存在でも根本的に違った存在を持っているのだという。人間は数多くの他者から構成される人間世界の中にその一員として存在しているというのが、「世界内存在」の意味だ。人間は世界という空間の中に存在するというようなことではなく、世界の方が予め存在していて、その中に産み落とされ、世界の中に住まう者が人間だということを述べている。伝統的な哲学のように、抽象的な存在概念から始めるのではなく、人間の具体的な存在から話を始めたので、画期的な概念だった。私は通り過ぎてしまった。なぜだったのか。いや、「世界」という言葉で「世間」という日本的な、拘束の多い、狭い世界を考えていたのかもしれない。

日本海側から表日本のメトロポリス東京に出てきたのだが、そこは、田舎者を無慈悲に呑み込む海だった。貧乏で、惨めで、寂しかった。

父親はスコラ息子の東京遊学のために何も言わずに金を出してくれた。不足しがちな金額だったが、アルバイトをして足りない分を稼ぐつもりだった。それでも月末に金が足りなくなって無心の電話をすると、理由も聞かずに仕送りしてくれた。

貧乏学生ではあったが、バイトをしながら私は哲学書を買って読み耽っていた。哲学書を読む以外は放蕩生活だった。酒とパチンコを覚え、金が入ると、その世界に溺れ続けた。

私は哲学をしたくて、東京に出てきた。高校生のときに哲学書を買い求め、読んで分かりもしないのに、哲学を学ぼうとした。田舎の狭い世界から広い世界に移動できると思っていた。

私は自由だと思っていた。しかし、自由ではなかった。自己を罰するかのように無駄金をパチンコにつぎ込んだ。儲けるためではなかった。暇だったからでもない。罪悪感を自分自身の内に構成するために酒とギャンブルにはまっていた。都会は海のごとく、責め苛み、自己意識は自滅するヒーロー気取りを求めていた。

大学三年生の頃、留年が決まった。売血で金を稼いだり、日払いのバイトでしのいでいた。日銭を手に入れると、その金を持ってパチンコに行って、スッカラカンになって、ワンカップの日本酒を自動販売機で買って下宿で腐っていた。自動販売機の「アリガトウゴザイマシタ」という人工音声がこちらの人間性をなじっているようで足で蹴飛ばしたい衝動を抑えながらトボトボと下宿に帰っていた。

身も心もズタボロになって、機械にもバカにされて、飲むマズイコップ酒は腹にも心にも染み渡る。格別の味わいがする。しかしそういうときでも、「かっこつけてんじゃねーよ」という低い心の叫びが聞こえてくる。

私は大塚の日の当たらないボロアパートで、東京という海の中で底に沈んでいった。その後の私が、幽霊なのか、生まれ変わりなのか、別人なのか、分かりはしない。ただ、哲学的に「人格の同一性」などとして語られると腹に据えかねるものが立ち現れるということはある。

なぜあんな無意味な生活を続けていたのだろう。私は都会に溺れていた。泳ぎ方を知らなかった。都会で生きるために必要なのは、哲学書の読解力ではない。あの頃の私は哲学書が読んで分かれば都会でも生きていけるかもしれないと、そんな風に考えていた。

私自身は自分を破滅型の人間と思っていた。天才になりたかったのに、なれないような人間として自分を捉えていた。ヘルダーリンやエドガー・アラン・ポーに憧れた。特にポーが、アル中だったのに、アル中である自分自身を忘れるために、まずいと思いながら大嫌いな酒を呷るように飲んでいたという記述には、ゾクゾクする感じがした。きっとそれに憧れたのだろう。しかし、哲学は惜しみなく掬い上げる。

哲学とは何か。そして、倫理学とは何か。答えがなんとなくでも分かっていたから学び始めたのではない。だから、スピノザ（一六三二〜一六七七）が「神即自然」、つまり自然そのものが神だと捉えた思想を見ても驚きはしなかったし、目的論や想像力をあれほど排撃していることが、若い頃は何の引っかかりもなく心の中を通り過ぎていった。神が超越的な存在ではなく、神と自然とが同一のものであって、身の回りの事物から構成される世界そのものが神だという発想は、神を人格神と捉えるキリスト教やイスラーム教の考えに慣れ親しんでいれば、異端的な響きを感じたかもしれない。だが、自然の至るところに神を見出す日本的な心性においては、緑なす山々や地震や台風は素朴に神々と捉えられていたのだ。

歳をとってスピノザを読むと、ぐさりぐさりと心に刺さってくる。スピノザは、善や悪を「理性の有（ens rationis）」と捉えた。何気ない概念のように見えるが、スピノザ思想の全体重を引き受け、担う概念だと思う。

「理性の有」、理性とは関係ない概念だが、長らくそう訳されてきた。「理性の有」とは「理屈上の有」とも言われる。新しい訳語を作ると混乱の素だが、私は「理虚的存在」というのがぴったりだと思う。それは実在的存在でも純粋の無でもなく、物事を比較して、事物の中にあるかのごとく妄想してしまう幻のことだ。虚構の側面を持つから、私としては「虚」をその用語に組み込みたいのだ。

どういうことか。精神が、希望や絶望や嫌悪や愛情を事物に向け、その根拠として、事物の中に「善」や「悪」を見つける。精神の中の思いでしかないものを、精神の外部に投影して、実際に存在するように思い込んでしまう。その事物を知性の外に求めるならば純粋の無でありながら、「思惟様態」（思惟のあり方・様子）としてみる限りは、真の実在的存在であるとスピノザは言う。「様態」、これも簡単そうで難しい概念だ。水が固体（氷）、液体（水）、気体（水蒸気）になるとき、それぞれはH_2O（水）の様態なのだ。「あり方」と言い換えてもよい。同じことが「変状」「触発」「発現」などと言われたりするが、一つの同じもの（実体）の様々なあり方が様態だ。実体とは様々にその事物が変化しても、いつも同じままで留まるものだ。水はどんなに変化しても水のままだ。様態として黒くなろうが白くなろうが、大きくなろうが小さくなろうが同じままだ。「思惟様態」というのは、思惟の一つのあり方で、考え方なのだ。

スピノザは何を言っているのだろう。倫理学が善を求める営為だとすれば、善は「理性の有」だと述べることは倫理学を否定していることになる。しかし、それでもなお主著を「エチカ（倫理学）」と題することは、読者と大きな約束か契約を交わしていることになるような気がする。どういう約束なのか。

哲学とは何か。考えたことを書き、思ったことを話せばよい、そういう単純なことがあまり分かっていなかった。そんなに単純な仕方で表現がなされてはならないと思っていた。表現とは知性の辛苦と喘ぎを通してのみ成立することだと思っていた。感じたことをそのまま踊りや歌声で表現することは、労苦すべき表現の世界とは異質のものと思っていた。

私はベートーベンのように苦しみのなかで表現することこそ、表現者の本来の姿だと思っていた。スピノザもまた、善悪を「理性の有」と見なすことで、もがきながら自分の世界を表現しようとしていたのではないか。

一年中、吹雪が吹き荒れているようにしか感じられない都会のなかで、哲学の諸概念は、青年の心を冬の裏日本に引き連れていった。

薄暗い、灰色の空から、雪が音もなく、静かに降り積もるとき、雪は黙想している。あの静かさは崇高な静かさだ。雪は降る。音もなく降る。上から下へと降る。少年は雪空の下で、雪を見上げながら、雪に降り積もられ、真っ白になる。

降る雪が哲学していると感じることもあった。同じことになるのだろうが、人間と自然の現象の間で、適合関係（convenientia）＝全般的な対応関係が成立して、自然が人間に語りかけ、人間がそれに答えるような呼応関係がそこに現れる。適合関係とは、とても緩やかな概念だ。「ぴったり合っている」、しかも合っていることの規準が様々であってよい関係だ。

降る雪が日本海という海の表現の働きだとしたらどうなるのか。なぜ海や雪を表現者として捉えてはいけないのだろう。表現者としての海や雪は、それこそ「理性の有」ではないのか。スピノザは、言説の表面において、「理性の有」を否定した。しかし、何度もそこに戻り、それを否定し続けたのは、彼が思惟の領域から消し去ろうとしていた「理性の有」を何度も見つけてしまっていたからではないのか。スピノザの思惟は透明な静けさに満ちたものだったのか。

青年の武器は妄想だ、私にしか描けない世界があるのかもしれない、と思っていた。衰頽した湯殿山信仰の圏内で育ち、スコラ哲学の中に迷い込んで、いつも足掻いてばかりの人間も、二度と成立することのない条件下で世界を見ているのかもしれない。

〈私〉とは何かをめぐる、永遠の円運動に入り込むことも、〈私〉という問題が抱え込んだ業なのだろう。〈私〉とは、人間という普遍性に〈このもの性〉という個体化条件が付加されて成立するものではない。初めから特異性を有するものが、存在論的な引き算の中で、最後に残りかすのような仕方で現れるのだ。この〈私〉の中に、コンピュータのプログラムが現実化を待ち受けるような仕方で、既に初めから或る世界の設計図が隠れている。そして、その中にあった様々な無数の可能性の中で、最後に勝ち残る一つのものを除いて、他の全てが引き算によって抜き取られていく、そんな風に出来事は成立するのではないか。

子供の頃、家にあった浪曲全集のレコードから「壺坂霊験記」を聞いて感動したことがあった。高橋竹山の子供の頃の苦労話のテレビを見ていたら、家族から不評を買ったことがあった。いつのまにか聖書が読みたくなって通信販売で購入したりした。

そして何よりも、小学校の裏山にあった廃絶した寺院の住職たちの墓地でいつかこの寺の歴史を解明したいと心に強く思ったりしていた。

湯殿山は即身仏を生み出した地域だ。冬の間は数メートルに及ぶ大雪に埋まり、閉じ込められる地域だった。大雪は地面だけでなく、人間の明るい心をも埋め尽くしてしまう。

今から振り返ると、私はその地域の重苦しい空気を吸いながら育った。私はそれを呪いだとは思わなかった。私はその土地の霊気によって育てられた。

私が求めてきたのはほとんどすべて、心の底から浮かんでくるのか、土地の霊が啓示したのか、自分の思うことそれ自体だ。表現ということが表現されることを求めている。だからいつも、制御不可能な希望を求めるように物事は意識に現れてくる。

様々な原稿を依頼されてきたが、その際多くの場合、テーマ自由で、原稿を書かせてもらってきた。

私は書きたいことを書いているという意識を持ったことがない。編集者が求めることを文章で表現することを追求してきたと思ったりした。私は自己意識ということをあまり信じたことがない。背後にある何ものかが、私を駆り立てている限りで、書いている。

文章とは、水と空気と風と熱などのエレメントに発するものではないのか。海から上る水蒸気は、空に至り、雨滴になったり雪になったりする。それは、風が聖霊のような働きをして、天にあるものを遠くに運び、地上に届けるような様子と似ているような気もする。文章は天気と似ている。海から発して最後には海に帰っていく。中世哲学にも、神を「無限なる実体の海(pelagus infinitae substantiae)」として説明する人がいた〔ヨハネス・ドゥンス・スコトゥス〔一二六五／六～一三〇八〕〕。存在の海の中にあった〈このもの性〉が、空へと立ち上り、そして〈私〉として受肉する。

海から発するものが雪となって降り下り、人びとを苦しめながら、人々の生活を押しつぶすように覆いかぶさる。私は北国の山形でも新潟でも雪に埋もれながら、都会に来ても、やはり雪のごときものに埋もれていたような気がする。だが、いつか雪も溶けて海に帰っていく。概念も言葉も雪のごとく、起源から現れ、起源に戻っていく。

海はいつも人を哲学へと誘《いざな》う。

赤いスピノザ、白いスピノザ

朝のラッシュアワーに、私はスピノザを思い出す。人は駅の人混みの流れの中で波の一部になってしまう。あの日常的暴力性は自分が自由な存在者であるという幻想を踏みつぶし、巨大なものの様態に化すべく強制変様力を及ぼしてくる。

後ろの人間のカバンの角にぶつかった痛みにもだえ、カタツムリの足のように長く伸びたキャリーバッグにつまずき、人擦れの音の波に吸収されてしまう。

〈私〉ということの独自性を考えるのにもっとも相応しくない場所だ。心は東北の山奥に飛ぶ。山の中での葉擦れの音を思い出す。樹々が風のなかで音を立て山全体が共鳴するようなときに、一枚一枚の葉がさざ波のごとく音を立てながら、山全体が音の海のようになる。駅のプラットホームは海でもあり山でもあるのか。騒音の中の静寂のように別個の世界映像が重ね書きされる。

スピノザという哲学者がいる。読んでも理解できない哲学はいくらでもある。だが、読む度に心を刺すのはスピノザぐらいだ。なぜなのか。

彼の主著『エチカ（倫理学）』は、その副題「幾何学的秩序により論証された（Ordine geometrico demonstrata）」が示すように神の説明から始まって、第二部から人間論に入り、情念・感情がどのようにして成立しているかを幾何学的秩序という感情の動きとは対立する形式で説明し、そういった感情への隷属状態から逃れる道を探求している。

彼は「永遠の相のもとに」すべての出来事を眺めるいかにも哲学者然とした人物と見なされる。何が起こっても、冷静で、感情を動かされずにいられるというイメージを喚起するからなのだろう。

それでよいのか。ふと『新世紀エヴァンゲリオン』において登場する「ATフィールド」を思い出す。Absolute Terror Field「絶対恐怖領域」とでも訳せるが、いかなる物理的攻撃をも跳ね返すエネルギーを保持する位相空間とされている。要するに「心の壁」のことだ。スピノザは『エチカ』を、自分の心を守るための壁として書いたということはありえないのか。スピノザは絶対的な自己韜晦《とうかい》の様式の中で自己を語る道を模索したのではないか。

そんなことが可能なのかと訝《いぶか》る人もいるかもしれない。いや、断固として可能でなければならないのだ。スコラ哲学の概念を鎧のように身に纏いながらも、野辺の花の美しさを語ることは難しいわけではない。

私自身は、一七世紀のライプニッツ哲学を学生の頃に学びはじめ、近世のスコラ哲学を学ぶ必要性を感じ、その結果中世のスコラ哲学の本場に立ち入るしかないと、密林の中に入っていった。

都会の中で、またもや東北の山奥のような道のない世界に入り込むとは思ってもみなかった。東北の山の中と同様、スコラ哲学の密林にも人はいない。だから人跡未踏の地で出会った人間のような懐かしさをスピノザに感じつつも、同時にやはり異様な風体に何かしらの恐怖も感じる。

スピノザは、徹底的に当時のスコラ哲学を学んだ。ユダヤ教からもキリスト教からも離れ、自分の思想を探求した「単独者」だった。凡庸なるスコラ哲学の概念で捉えられる思想のはずがない。スピノザは、スコラ哲学の用語で語りながらまったくスコラ的ではない。だから彼は独学者だ。

スピノザ哲学はスコラ哲学のコラージュだ。バロックスコラ哲学の概念をちりばめているのに、まったくスコラ哲学的ではない。私はそれを確認するためにスピノザによってスコラ哲学に送りこまれたように思う。スピノザは、とても強い心の壁を築き上げているのだ。だから、スコラ哲学の鎧の中で赤く燃えるものが読む者の心を刺す。

スピノザの主著『エチカ』は、定義、公理、定理、証明、備考というように、ユークリッドの『幾何学原論』と同じような形で書き進められる。倫理学が幾何学的秩序で書かれ、『エチカ』の半分程度を占める情念の働きについても、論証形式で書かれている。

個々の感情が、概念において独立であれば、定義にも論証にも馴染むだろう。この幾何学的秩序については繰り返し語られてきた。だが、愛憎半ばするという事態から分かるように、スピノザは論理学に収まりそうにないものを論証に収めようとした。我が儘なAIみたいだ。

スピノザはきっと涼しげな顔で情念を分析しているのではない。なぜこんな風にスピノザを捩れた姿勢で読みたいのかと言えば、彼が書名に『エチカ』と冠しながらも、善と悪とを「理性の有（理屈上の存在）」として無の如きものと見なそうとしているからだ。スピノザは意志をも「理性の有」と語る。そこに自分の顔を隠すための仕掛けがある。

「理性の有」について少し語っておく。一三世紀の半ばに使われ始めたことが分かっているが、素性のはっきりしない概念で、理性とはあまり関係のない概念だ。知性が構成し、外界において対応する事物のない概念であり、「否定」「欠如」といったものが代表例である。だから、「理性の有」というのはほとんど誤訳であって、「理屈上の存在」と訳した工夫は尊重したい(佐藤一郎氏はそう訳した。スピノザ『知性改善論／神、人間とそのさいわいについての短論文』佐藤一郎訳、みすず書房、二〇一八年)。だが、慣例に流されて、ここでは「理性の有」という訳語を使っておく。

スピノザは、善も悪も「理性の有」だと断言する。善や悪は、或る事物に設定された目的に合致しているときに、または目的にどちらがより接近しているかという比較において生じているだけだ。

目的論が取り除かれれば、善と悪はすっかり消える。赤くて甘く美しいリンゴも、地面に落ちて虫に食べられ腐敗したリンゴも、自然の中では必然性の流れの帰結であって、両者はいずれも完全である。価値評価を与えるのは人間が投影している幻想であって、「理性の有」だというスピノザの見通しはよく分かる。

目的論と善悪を捨ててしまえば、情念に苦しめられることを脱却できる。「エチカ」とは

「倫理学」の意味だから、それは奇妙なことではない。情念と感情の苦しみを何かに求めるならば、それこそ倫理学だ。善を探求するのが倫理学という前提に拘束される必要はない。

人間のすべての偏見は、すべての自然物は人間と同じように目的のために働くと想定し、そして神自身もある一定の目的のために導いていると確信していることに由来する。

確かにそうだろう、神は目的のために働きはしないし、個々の人間の願いや祈りに対して個別対応するはずがない。そういう神であれば人間らしすぎる。いつも人間は神を自分たちの「身の丈」に合わせて考えてきた。「善と悪、功績と罪過、賞賛と非難、秩序と混乱、美と醜」はすべて偏見である。自由も目的論も偏見なのだ。

スピノザは、人間を見捨てようとしているのではない。人間は自分の無能力とこの世の無常を、言い換えれば人間本性の欠陥を、泣き、笑い、侮蔑し、呪詛する（detestantur）。苦しむ人間、いやスピノザ自身もそこに含まれているのだが、人間に治療薬を与えようとする。

そのためにスピノザは人間性に対決しようとする。「人間の感情および行動を理解するよりもむしろ呪詛し・嘲笑しようとする人々へ立ち向かおうと思うのである」（スピノザ『エチカ（倫理学）』上、畠中尚志訳、岩波文庫、一九五一年、二〇一一年改版、二〇〇頁）。「人間の欠陥や愚行を幾何学的方法で取り扱おうと企てること、また理性に反した空虚な、不条理な、厭うべきものとして彼らの罵る事柄を厳密な推論で証明しようと欲すること」は奇異であるように見える。しかし、スピノザにとって、「自然の中には自然の過誤のせいにされうるようないかなる事も起こらない」(同書、同箇所)。

自然は常に同じであり、憎しみ、怒り、妬みなどの感情も自然の必然性と力から生じるのである。スピノザが『エチカ』を書き上げようと、人々がそれを理解しようとしなかろうと、人々の愚かさは同じように起こり続けるはずだ。

スピノザは『エチカ』を通して何を語りたかったのだろうか。哲学者たちは、自然や神の行為には目的があり、人間も自由を持っていると思っているので、感情を呪詛し、感情を制御しようとしてきた。

しかしスピノザは、ストア派が感情に対して絶対的権力を置いていたという考えを批判し、さらにデカルトに対しても容赦ない批判を加える。「我々が感情に対して絶対的権力(imperium absolutum)を有しないことはすでに前に証明した」(『エチカ』下、一一八頁)。「もしこの見解〔＝感情に対して絶対的権力を有しているという考え〕がこれほど尖鋭なものでなかったとしたら、私はそれがこのように偉大な人から出たとはほとんど信じなかったであろう」(同書、一二〇頁)と述べる。

スピノザは人間にも哲学者たちにも絶望してはいない。スピノザは、「絶対的権力」は持たないと述べていて、いかなる権力も持たないとは述べていない。認識による救済を提示する。精神の能力はもっぱら認識作用によって定義されるのであって、感情に対する治療法（affectuum remedia）もある。それによって至福に至ることができるのだと述べる。

ここで必然主義者スピノザは優しげな表情を帯び始める。なにしろ「神への愛」を語るのだから。そして、「我々が神を悲しみの原因として認識する限り、我々は喜びを感ずる」（同書、一四〇頁）と述べる。いかなることも神が原因である以上、いかなる悲しみもまた神を原因として認識することによって喜びに転じるというのだ。

そう考えることができるのであれば、我々もまたスピノザとなることができる。しかし、二人目のスピノザはなかなか登場しないだろう。いや、スピノザ自身にとってもそう考えることはできなかったのだろう。『エチカ』の最後の文章で、「たしかに、すべて高貴なものは稀であるとともに困難である（Sed omnia praeclara tam difficilia, quam rara sunt.）」（同書、一六七頁）と述べる。

最後の文章が「Sed」という逆接で始まり、「高貴なもの」、つまり卓越したもの立派なものは困難であり稀であると述べて全体を締めている。ウィトゲンシュタインが『論理哲学論考』

の最後を「梯子をのぼりきった者は梯子を投げ棄てねばならない」「語りえぬものについては、沈黙せねばならない」（ウィトゲンシュタイン『論理哲学論考』野矢茂樹訳、岩波文庫、二〇〇三年、一四九頁）と述べたのと同じように、鮮やかな終わり方だ。哲学書における最後まで来てからの卓袱台返し、哲学者ならば誰でも憧れる終わり方がここにある。

すべての事柄を永遠の相から眺めれば、空腹や熱帯夜や友達の裏切りが引き起こす苛立ちも不快感も怒りも、はかない様態、情念でしかない。私たちが世界の中で感じることはすべて情念でしかなく、何ら実体性もリアリティもない、はかないものだ。

世界に対して、哲学的な概念で語りかけても、世界は沈黙したままだ。海や山も答えることはなく世界が答えることもない。世界や存在や無限者に、何らかの仕方で語ってもらおうとすることが哲学の狙いであるならば、哲学は無数に煩瑣な概念を供物として捧げながら、何も答えてもらわないまま、立ちすくむ子供のようだ。

スピノザはスピノザ主義者ではなかった。いや、もちろんそんなことは確かめようもない。自分で言いながらも、確信はあるけれど、根拠はない。

善と悪が「理性の有」であると述べることは、この世界は闇と光から成るものと見るのではなく、すべてを白い光で見ることになる。『エチカ』はそういう白い光で書かれた本にも読める。しかし情念の黒い海を描いた本と私は読みたいし、そこにこそ赤いスピノザが現れてくるのだ。

冷徹な文章の行間に、懊悩と激情が書かれていることは哲学書において珍しいことではない。行間の解読は、アカデミズムの業績には数えられない作業だ。しかし、哲学者を哲学者然としたものとして、冷たい青銅の像が大魔神の如く動くようにではなく、血と涙を備えた温かい存在者としてみようと思えば、行間を耕してみたくもなる。

神は内在原因だ。この語り方で、スピノザの思想はずいぶん多くのところが語られてしまっている。内在原因、ドゥルーズの哲学の基本構想を構成するほどの概念だ。或る原因がその結果を自分自身のうちに産出する場合が、内在原因だ。たとえば、知性が「犬」という概念と「走る」という概念を組み合わせて、「犬が走る」という命題を合成するとき、知性が内在的原因で「犬が走る」というのが内在的な結果である。当たり前のどこにでも見られることと思ってしまう。いや、知性において生じる原因と結果の関係は特異であり、それを示すのが内在原因ということであり、内在性や内在平面ということが現れる。

目的論の否定、善悪を「理性の有」と見なすこと、実体・属性・無限様態・有限様態の枠組み、それは唯一の神を語ることでもあり、同時にスピノザがスピノザ的になしえた、いや彼しかなしえなかった「自分語り」なのだ。私という現象も、私の中に生じる情念も様態でしかないのだ。

スピノザが目的論を否定したのは、自然の目的論、つまり「石はなぜ落下するのか、それは地球の中心が石の故郷だから」というように、自然の出来事をも人間の意志的出来事と類比的に考えることを否定したことでもある。自然から善と悪という観点を取り除くためにも目的論の否定は重要なのだ。実体ということも、それ自体で独立して変化しないままあることが高貴なあり方だという発想を踏まえている。実体という独立で自存し恒常的な存在が本来的なあり方とされ、その実体を構成するのが恒常的な性質としての属性とされた。そういう変化しないものにも様々な変化が現れ、状態も変異していく。それが様態である。全自然という無限実体に現れる様態が無限様態であり、空や海や川や個々の動物や植物に現れる様々で絶えず変化していくのが有限様態だ。

スピノザに近づくために、これらの用語について説明をもう少し加えておくことが必要だ。実体、これはギリシア哲学に由来し、様々な場面で用いられるが、定義しようとすると難しい。基礎的な哲学的概念は、基礎的であればあるほど、したがって頻繁に用いられる概念ほど、正面から考えれば分からなくなる。いや、そういった概念は「分かる」かどうか決定的な点ではないと思う。それを使いこなし、付き合っていけるかどうかが大事なのだ。その点では人間と同じだと思う。分からないから付き合わないというのでは、人間関係は広がらない。実体とは、様々な変化の中で同じままにとどまり続けるものだ。そして本質とは、その実体をして実体たらしめるもので、実体には一つの本質があるとされる。三角形の本質は、三本の直線から構成される図形だ。その本質は一なるものであって、変化しないものだ。その一つの本質が様々な属性を持っている。属性として内心外心などの定理を考えればよい。本質は一つで属性は多数であり、そして両者はともに変化しないものだ。様態は事物が変化して現れる様々なあり方だ。三角形の場合、何色で書かれているか、大きさなどいろいろと考えられる。

無限様態となると、少し難しくなる。神という無限実体においては本質も属性も無限だ。そしてそこから現れる様態も無限であり、それが無限様態とされている。スピノザは神即無限と考えているので、無限様態というのは、スピノザ自身の説明によると「全宇宙の姿」となる。有限様態というのは、人間一人一人や、目の前のサボテンやコップ、そういったものでよい。いや、この様態というのは、あくまで無限実体たる神の様態なのだ。神の一部であり、神を構成するものだ。哲学の中で最も基本的で誰もが用いる概念でありながら、神の一部を構成するものとしての様態という概念を確信的に用い、おそらくそこに彼の祈りを込めていたのは、スピノザだけだ。

スピノザもまた、尊敬する友人（ヤン・デ・ウィット）が一六七二年八月二〇日に暴徒に虐殺されたとき、憤激の鬼になった。彼もまた「ドス黒い情念」を持つ人間であったということだ。ドス黒い情念こそ人間の本質的条件であり、それを失うのは死ぬときだけなのである。死以外に人間から情念を駆逐する方法などない。スピノザは、それを十分に知っていたはずだ。それでも情念という人間の隷属状態から免れる道筋を示そうとする。

人間が人間である限り、情念なしにあることはない。『エチカ』の最後で、スピノザは「すべて高貴なものは稀であるとともに困難である」と述べている。それは自分自身に納得させるためのセリフだったのか、誰にも理解されないことを自分自身に約束しようとしていたためなのか、そういう読み方も可能だろう。自己呪詛によって自分に呪いをかける方法だ。

私がスピノザを好きなのは、永遠の相のもとに世界を見るという彼の世界観のためではない。傷つき血を流している心の様子を描いた物語として『エチカ』を書き残したからこそ、私としてはそれを分かりたくなかったし、分かろうともしなかったし、分からなかったのだけれども、彼に惹かれてきた。

スピノザはスピノザらしくないところが魅力だ。『エチカ』は傷だらけの書だ。私にはそうとしか読めない。赤いスピノザは、傷だらけの書物としての『エチカ』の中から現れる。傷だらけの城壁としての『エチカ』。ドス黒い情念の海の中を赤く光りながら泳ぎ渡ろうとするスピノザの姿が私には見えるような気がする。

自己韜晦の限りを尽くして、自己を語ろうとしたスピノザ。ニーチェにしても、スピノザにしても徹底的に固有な、特異な、哲学の歴史がいかに続こうと二度と現れることのない単独の光がそこには輝いている。

時代がスピノザという存在を求めたのだ。バロックの哲学者としてはライプニッツ(一六四六〜一七一六)がよく取り上げられる。スピノザもバロックの哲学者であり、時代が彼を求めた。彼もまたバロックの赤い有限様態なのだ。

情念なしに人間は世界に生きることはできない。情念とは世界に生きるために必要にして、必然なる様態、いや必然的感覚器官・センソリウム(sensorium)なのだ。スピノザもまた、彼が神でないのであれば、『エチカ』を書き終えても、情念の海を泳いでいかなければならない。『エチカ』を書いているときの白いスピノザも、情念のドス黒い海の中では、赤く燃えるスピノザとして泳いでいくしかない。

スピノザ（もしあなたに話しかけることが許されるならば）、あなたは自分自身を無限なる実体に内在する有限様態として位置づけようとしていたのですね。でもあなたは、有限様態というよりも、今もなお裂開し続けて、語りかけている存在ではないでしょうか。その声が今でもここで響いている気がします。

今朝もまた駅の人混みの中で佇むスピノザがいる。

降り積もる雪の中で

二〇二〇年の正月に大晦日から三日ほど山形に帰省した。少雪の冬である。北国はどこも雪が少なく、いつもの冬とは異なっているそうだ。ところが、正月という年中行事を迎えるためなのか、山々も気分を変えて冬の晴れ着を着ようと思ったらしい。仙台から山道に入ると途中で雪に変わり、一面真っ白な世界に変貌して私たちを迎えてくれた。

一面が雪の正月である。元旦には神社の大広間で初祈禱という儀式があり、村中の人が集まる。初詣と言っても柏手とお賽銭で終わりはしない。一時間もの間、寒さに凍えながら何人もの神主の祝詞を聞いて、梵天でお祓いをしてもらい、その後でお参りができた。初詣に行くと、「長命汁」という納豆汁がお参りに来た人すべてに振る舞われる。それが目当ての人も多い。

といって一〇〇人にも満たない。

初詣が終わると所在がない。雪が黙ったまま降り続け、あたり一面を真っ白に塗り込めている。正月を演出する自然の配慮に応えたくて、風邪気味で調子が悪いのに、川沿いの雪の風景、全員が白装束を身に纏うが如き落木の林、「山里の囲炉裏」というどこにもない唱歌が似合いそうな雪景色の山村をブルブルと震えたまま眺めながら、一人だけの時間を過ごした。「孤舟蓑笠《さりゅう》の翁《おう》、独り釣る寒江の雪」という漢詩を高校生の時に習ったが、それを思いだし、私はもう「翁」です、と時の流れをにわかに強く感じる。

普段は谷底を流れる川の音も、微かであれ響いていて、鳥の声も、場違いに建設された高速道路を走る自動車の音も聞こえる。現代日本の山里のサウンドスケープ（音の景色）が作り上げられているのだが、雪はすべての音を吸収し、頭に被ったフードの上に、ボサボサと降り積もる音だけを残す。自分に聞こえている音だけの世界にいると、心の中で降っているものが、空から雪として降っているのではないか、と思えてくる。自然とは外部にあるものではなく、内部にあるものだ。そう感じる。いや、自然に内も外もない。すべてを自らのうちに取り込み、収め入れる。人間は、自分が制御できる領域に「自由と理性」という名前を与え、そこに人間らしさを見ようとする。

雪が降り続いている。空から降る雪は何も語ることはない。なぜ雪は白く降り続けるのか。ベンヤミン（一八九二〜一九四〇）ならなんと答えるだろう。

ベンヤミンは、言葉を発することができない悲しみを自然の中に見出した。伝達可能性(communicability)とは、語るべきこと、語り合うべきことがないとしても、語りたいときには語ることができる可能性が確保されているということだ。

伝達可能性を奪われた世界とは、挨拶も通じない、挨拶も返ってこないような世界だ。伝達可能性が失われた世界では、いくら語るべきコンテンツを持っていようと、伝達が遮断された孤立した空間だけが残される。

話せないということ、これは自然の大きな苦悩だ。自然とは嘆く存在であり、その嘆きというのは分節化されないままの無力な言語表現であり、感性的な吐息しか含んでいない。

植物がわずかに葉ずれの音をたてているところにさえ、つねにその嘆きが共鳴している。自然は黙せるがゆえに悲しむのである。（中略）自然の悲しみが自然を沈黙させるのだ。すべて悲しみのうちには、言語を発しえない状態へと陥ってゆく最も深い傾向が潜んでおり、しかもこのことには、伝達能力の欠如や伝達の忌避などよりもはるかに大きな意味がある。(ヴァルター・ベンヤミン「言語一般および人間の言語について」、『ベンヤミン・コレクション1　近代の意味』久保哲司訳、ちくま学芸文庫、一九九五年、三三頁)

雪が黙ったまま白く降り積もるのは、そして人間も自然もすべてを白く塗り込めるのは自然が悲しんでいるから、という感覚は大事だ。雪の中でベンヤミンはそう語る。ここでスピノザを思い出す。雪の中の存在論を考えよと、スピノザは命じる。頭の片方でスピノザは、「神即自然(Deus sive Natura)」と語りかける。自然の中に神は宿り、自然の中に神は現れる。神即自然とは自然の中に超越性を見出せということだろう。雪は遠い海と天空の寒さをここにいる私に届けるから。しかし、私は、雪の中で「自然即悲しみ(natura sive tristitia)」と義務的直観を感じる。

すべてが白く塗り込められてしまう世界。灰色の雪雲が空を覆い、黒い地肌を灰白色に衣替えした山々が屏風のように辺りを囲んでいる。山も何もない雪原だったら、どこを目指して歩いていったらよいのか分からなくなる。

村はずれの墓場に並ぶ墓石の列は、雪に埋もれながら、声もないまま、「人生の目的とは何か」を語りかけてくる。ヴァレリーは陽光溢れる地中海の浜辺の墓地で、海の波の輝きの中、

「ダイアモンドの瑕《きず》」と自分を表現し、人生への絶望の中から「風立ちぬ、いざ生きねば」と感じそれを詩にした。しかし、東北の冬景色の中で、薄暗い杉木立の中の黒い墓石の列を前にすると、寒さに凍える体は希望的に考えることを拒否する。寒さにかじかんだ手先は地中海の光と対極的なものだ。東北の冬の墓場では「いざ死なねば」が相応しいのではと悪態をつきたくなる。

何をここで感じるべきなのか。感覚することも、事実の問題ではなく、世界の中で感覚器官・センソリウムとしてある者の義務だ。世界とは事実の集まりであって、それを事実として感じることだけが人生なのではない。もし善や悪が「理性の有」でしかなく、自然の中に目的論を置き入れることが、人間的な人間らしすぎる誤謬でしかないとすると、人間は「なぜ生きるのか」、答えが見出せず、絶望感に陥っていくから。

意味や目的がないと動かない心がある。「こんなことして何になるんだ、無駄だ」と思いながら、意味や目的の見えない作業に人間は従事する。シーシュポスの神話のように、単調な作業が繰り返される。「無が永遠に回帰する」というニヒリズムの恐怖が湧き起こる。

しかし、スピノザが善悪は「理性の有」であると述べ、ニーチェが「無が永遠に回帰する」

と述べたとき、つまりいかなる出来事も無に帰してしまい、何も残りはしないと考えたとき、彼らはすべて無 - 意味だという無気力に陥ったのだろうか。無 - 意味に屈する心は弱い心だ。意味や目的は、事故や偶然によって破壊され得る。人生は想定外だらけである。想定外を計算可能性の内部に取り込むことが、人類の進歩ではあっても、取り込めることはほんの一部だ。

どれだけ未来に向かって、善に関する内容を吟味して、理性的な熟慮を行い、効率的で実現可能性の高い実行プランを構築したとしても、想定外は生じる。

善悪、幸不幸は、どのように決まるのか。カントは次のように語る。内面にある「善き意志」こそ、無条件でよいものであって、その善たることは、外的結果がいかなるものになろうと毫《ごう》も影響を受けることはない。善き意志は、絶対的に善きものとして永遠に輝く。一見すると、功利主義はカントの真逆であるように見える。しかし、カントも功利主義も同じ仕方で、理性によって制御可能な領域こそ自由であり、善悪が現れ出でるように未来を見ていると整理するとき、それらとは異なる仕方で世界を見る道筋も見えてくる。功利主義に様々なタイプのものがあるにしても、善の総量に関する計算可能性を問題にしており、「運」といったものは計算可能性の外部にあって善悪とは無縁である。カントにおいても功利主義においても、善悪は理性による制御可能性の内部にあることであり、理性によるコントロール原則とでもいうべき原理が支配している。

いずれにおいても、制御し支配することが、「道徳」のなすべき基本姿勢なのである。しかし、人生の良し悪しを大きく「運」が左右する。もちろん、運といっても、まったく自分では制御できないものもあれば、楽器を練習してプロを目指す場合のように、運も関わるけれど、自分自身の力で可能性を広げられる「運」もある。人生は、「道徳望遠鏡」を手にすれば見通せるものなのか。運は人生にどのように突き刺さるのか。


人生を何度でも繰り返すことができたら、いろいろ試してみることはできる。人生は一度しかない、だから自分らしく、一度しかない人生を後悔なく生きたいと思うようにと人は教育の中で拵えられる。道徳的人間が一丁出来上がる。満員電車の凝集人間集団が途切れることなく階段と連絡通路を埋め尽くす朝のラッシュアワーの人波の中で、個性を考えることは罪ではないのか。「オレは画一性と一様性の海の中から飛び出して人間社会の星になる」と思う若者はきっと危険人物でしかないだろう。

一度だけの人生を後悔せずに生き抜きたい、そう人は思う。ただ、二度あったとしても誰も後悔したいわけではない。そして、後悔したくないのに、いつも後悔ばかりしている人もいる。

人生は繰り返せないから、と躊躇しているうちに、失敗を試してみることのできる時間も過ぎてしまって、失敗をするチャンスさえ失ってしまう。失敗ができなかった失敗、これが一番後悔のタネになる。かたや、いくら繰り返しても、失敗し続けるのが人生だという絶望中毒の人もいれば、毎度毎度人生は無意味で、無‐意味の無限反復だと語る人もいる。

ここには、人生を無意味とあきらめる敗北者たちの系譜があるのだろうか。ドゥルーズは、ドゥンス・スコトゥス、スピノザ、ニーチェを「存在の一義性」の系譜に配置した。一義性、これは一つの言葉が同じ意味で用いられるということだ。当たり前すぎることに見える。存在が一義的だ、そんな当たり前のことが革命的な意味をなぜ持つことができるのか。ところが、キリスト教の伝統の下では、存在は一義的ではない。神の存在と被造物の存在は名前は同じでも意味が異なるとされた。アナロギア的（類比的）な関係にあって、意味が異なるとされたのだ。「ストになって足を奪われる」という場合、肉体の一部としての足とはアナロギア的な関係だ。正確に整理すると、名前は異なっても機能の同一性を表すアナロギアと、名前は同じで類似性があるアナロギアなどがある。あくまで緩やかな類似性なのだ。もう一つ大事なのは、アナロギアは緩やかな関係であって、無限と有限との関係が典型的なのだが、両者の間には断絶があって、乗り越えることができず、認識の不可能性が立ち現れるのである。そして、それが神と被造物、つまり無限存在と有限存在の場合には、ヒエラルキー（支配関係）を生じさせてしまう。ドゥルーズは、そういった伝統を足蹴にして、卒然と「存在は一義的である」と喝破する。このドゥルーズの整理は、わざと乱暴に見えるように振る舞いながら、強《したた》かな計算に裏付けられた哲学史の読みだと思う。

存在の一義性の「一義性（univocity）」を「一つの声」と語源解釈すれば、ニーチェが言う「無が永遠に」にも似た「無」のリフレイン（繰り返しによる音楽）とでもいうべきものが現れる。ドゥルーズが、西洋哲学史を「存在」という一語のリフレインなのだというのは、思ったほど奇妙なものではないと思う。いずれにしても、西洋哲学史が「存在」という一語を繰り返してきただけだと主張し、その延長線上にニーチェを置き、その系譜の末端に自分を位置づけて、しかも軽やかに哲学をするドゥルーズの様子は楽しげだ。

バーナード・ウィリアムズ（一九二九～二〇〇三）は、人生における「運」の問題を、その濃密な議論を駆使しながら燻し銀のように語った。彼は、カント主義や功利主義に反対し、陰影に溢れた我々の倫理的生活を重視する。

道徳は自分で制御できる、自由を発揮できる場面において成立すると考えられてきた。つまり、行為の善悪は、自由の領域においてのみ判断できて、それ以外では決められないというわけだ。すると、運によって決まることに善悪の判断はつかないことになる。運は道徳の外部にあるということだ。

ウィリアムズは、運が人生の良し悪しに関わることを重視する。芸術家として成功するために、少ない可能性であっても夢を実現するために、「運」を育てていくことはできる。もともと少なかった可能性も努力によって高まっていく。自分でどうにもならない「運」ではなくて、自分が可能性を高められる運を「構成的運」という。人生の成功と失敗を左右し、そこに或る程度自分も関わることができるから、運も道徳的な問題となるのだ。宝くじの場合、極悪人でも善人でも確率は同じだ。当たってほしいという祈りも努力も無関係だ。人生の善悪、幸不幸はどうなのか。宝くじと同じなのか。

画家のゴーギャンは妻子を捨ててタヒチに渡った。彼が画家として成功すれば、家族を捨てたことは深い後悔の理由として残り続けるとしても、その行為もまた或る程度を正当化できるようにも思われる。天才的画家の才能の開花と、家族の安定した生活と、どちらが選ばれるべきか難しいとしても、どちらもまた選択する理由は見出される。ただ、画家として成功できなかったのであれば、タヒチに渡らなかった方が良かった、という後悔の結果論が残る。

この議論で大事なのは、渡るべきだったのかを結果から判断することや、後悔することの良し悪しではない。ウィリアムズが主張したいのは、未来に向かって、いくら合理的に熟慮を重ねても、そこには見通すことも制御することもできない、「運」が関わってくるということだ。それは、運が道徳的な善悪と無縁だと考える哲学を叩くためだ。

行為の結果を予測し制御できる範囲、つまり主体の自由の領域のうちにのみ善悪の成立場面があって、その自由の領域の外は道徳的な善悪とは無縁だと考える、合理的主体主義、主知主義的自由論者への批判がある。

もちろん、未来に向かっての合理的な熟慮と、覚悟を持った決定が大事でないというのではない。重要なのは、どんなに準備しても運が味方をすることなく、熟慮を重ねた企てが失敗に帰することはよくある、いや失敗することの方が、人生の本態だということだ。

そこで登場する概念がインテグリティだ。なかなか訳しにくい。「全一性、統合性」などと訳される。しかし、その意味内実は、自分が正しいと思うことについて、正直・誠実（honest）であって、それに力強く（strong）こだわるということだ。どういう訳語がよいのか。「自分らしさ」と訳してよいのではないか。アイデンティティ、これは一貫した同一性だ。道徳的な運を取り込むしなやかな概念ではない。だが、インテグリティはそのしなやかさを持つ。

「自分の人生」を一つにつなぐのは道徳法則でも義務でもなく、自分のものとして引き受けることだ。それがインテグリティではないのか。他の道もあり得たが、私はこの道を自分の人生として選んだ、ということだ。

雪が降り続け、降り積もる。雪の白さは言葉を語り得ない悲しみを表しているのか。雪は悲しみも喜びも絶望も幸福をも白く塗り込めてしまう。人間とは何か。一面の雪の中でその思いは「ダイアモンドの瑕」のごとく光る。一面の雪も光に充ちた地中海も「存在」が成立する場なのだ。降り積もる雪は、落下し続けるばかりではなく、人間を輝かせる。

人生が二度あれば

人生は二度ない。だから後悔する。人生が二度あればと人はときどき思う。人はなぜ後悔するのだろうか。いくら後悔しても、過去は戻ってこないのに。後悔とは何のためにあるのだろう。

後悔については、古来、ネガティブな感情として扱われてきた。有意義な機能を見出す発想は乏しい。たとえばスピノザは、後悔を「原因としての自己自身の観念を伴った悲しみ」（『エチカ』上、二六九頁）としている。過去の出来事について、自分自身を原因として生じる悲しみが後悔だというのである。

消極的な後悔論と言ってもよい。そのように捉えれば後悔は何も生み出さない。田辺元《はじめ》（一八八五〜一九六二）は、「後悔」を「懺悔《ざんげ》」と表現し直して次のようにいう。

スピノザにては無力の無力を懺悔と言うが、未だ真に懺悔に徹したものと言う事はできない。私の懺悔にては、自己は自己の存在を要求する資格を放棄する事に依って、かえって自己の存在を自己ならぬものから受取る、すなわち無力が能力に転ぜしめられるのである。（田辺元「懺悔道―Metanoetik―」、『田辺元哲学選Ⅱ　懺悔道としての哲学』藤田正勝編、岩波文庫、二〇一〇年、一二頁）

ここで田辺元の懺悔道を辿りたいわけではない。戦地に赴く学生たちに対して国に身を捧げることを義務として勧め、皇軍の精神の発揮を鼓舞した彼の哲学的懺悔道を擁護する気持ちにはなれない。

西洋においては消極的な後悔論が長く主流だった。後悔とは、過去に行った悪事や罪についての苦しみのことだ。日本語の「後悔」には特に自分が行ったことへの苦しみという色合いが出ているが、伝統的には自分であれ他人であれ、過去の出来事について、苦しむことが基本だ。感情を重視しない流れは古代のストア派から始まり、ずっと西洋の表だった倫理学（キリスト教思想は別だ）を支配してきた。この流れは、一八世紀イギリスのモラル・フィロソフィーの台頭とともに少し様子が変わってくる。とはいえ、後悔が大々的に語られるということではない。感情は理性に比すればはかないものという低い評価を免れて、倫理的考察の中での重要性が認識されるようになったのだ。

モラル・フィロソフィーを「道徳哲学」と訳すと堅苦しくなる。「道徳」と「倫理」は現在では使い分けられる。抑圧し規範を押しつけるのが「道徳」であり、「倫理」は人間の脆弱さに寄り添うものだ。もちろん、「政治倫理」「放送倫理」「映画倫理」のように、悪を分離し悪を截断《せつだん》することを目指す、恐怖の源泉でしかない「倫理」という用語の使い方も確かにある。そして「道徳」と「倫理」は使い分けられてこなかった。二〇世紀の後半になって、やっとそこに線を引く人々がでてきたのだ。

「倫理」という言葉が使われるべきなのは、剣と秤を両手に持つ正義の女神（目隠しもしているが）の手下・子分として動いてきた「道徳」、言い換えればそういった往々にして強者の味方、強者の正当化の論理としての「正義」の配下にある「道徳」とは別に、人間性を人間性として捉える「倫理」を区別したいからだ。人間は生まれては死んでいく弱い存在者だ。

モラル・フィロソフィーは、モラル・センティメントを大事にする。モラル・センティメントは「道徳感情」とか「道徳情操」と訳される。日本語でそう訳すと印象が異なる。「人情」と訳した方がいい。「義理」と「人情」は日本語では手垢がつきすぎているけれど、これを中心に据えない限り、倫理学は人間の性情から遊離したままだと思う。倫理は、生きた人間たちの人情を起源としている。ア・プリオリに普遍的な倫理規則などあってはならない。それは人間の条件を無視している。

後悔という人情の一片が、いかに倫理学に関わるのか、それは思ったよりも現代の人々の心に突き刺さっている。たとえば、ジョン・ロールズ（一九二一～二〇〇二）の『正義論』（一九七一年）は、人情とか後悔とは無縁の思想のように見える。ところが、そうではないのだ。彼の正義論は剣と秤を持つ裁きのための理論ではない。ロールズもまたモラル・センティメントを大事にする。カント主義的リベラリズムなどとまとめられるが、私に言わせれば、義理と人情を大事にする演歌の風が少し吹き込んでいる。

ロールズは、社会的な善の総量の増加を図ることも重視しているから、功利主義を正面きって敵に回した議論を立てるわけではない。社会的基本財（social primary goods）というものを考える。権利、自由、機会、所得、財産などがそうだ。健康、体力、知能、想像力も基本財であり、こちらの方は自然本性的な基本財に数えられる。基本財であるから、未来に向けた計画を立てる上での合理的な熟慮や、総量の増大に関する合意・意見集約といったものが可能になる。

それらの基本財は、当人がどのような環境にあるのかに左右されるわけで、平等に配分されているわけではないし、思い通りになるものではない。基本財の多寡は人生の成功に大きな影響を及ぼす。基本財に恵まれている方が幸福な人生を送りやすい。そういった格差状況をそのまま放置しておくだけでは、善の分布はまだらなままだ。ロールズは、自由原則と競争原理を保持したまま、その格差を補正し、縮小しようとする。

その際重要なのは、基本財をばらまいて再配分しようとはしていない点だ。格差とは量的な差異ということにとどまるものではない。ロールズは社会的基本財を用いて自分の人生計画が遂行されているときの予期できる満足度が、幸福だと考える。幸福とは、現実の満足ではなく、未来に予期できる満足度だ。

基本財はデフォールトで与えられたものが外部から付加されない限り増加しないというものではない。資本と同じで自己増殖しなければならぬ運命を担っている。基本財は静止的・固定的量ではない。そして、基本財の中に自尊心（セルフ・リスペクト）を入れるところがきわめてロールズ的なところだ。自尊心は、基本財を増やすための鍵である。確かに、基本財は原初状態において平等に分配されているわけではないが、自尊心こそ、基本財が自らを増殖させる鍵になる中心的基本財であると考える。

さらに、自尊心と並んで、お互い様・互恵性（reciprocity）というものの重視こそ、その核心なのだ。人々が自分の善の構想を追求し、その実現を楽しむためには、自分自身に価値があるという感覚を欠かすことができない。互恵性はこの自尊心、セルフ・リスペクトが成功する可能性を高めるものであり、これもまた最も重要な基本財の一つなのである。

自尊心の対極にあるのが「後悔」なのだ。ロールズの正義論において、後悔や呵責が盛んに取り上げられる。自分自身には価値がないという感覚、自分は取るに足らない人間だという感情は、ロールズによると、後悔ということだ。自分にとって善であるものが、喪失または欠如している状態への一般的感覚が後悔である。後悔は過去にのみ向けられるのではなく、現在にも向けられる。彼もまたモラル・フィロソフィーの系譜を引き継いでいる。

後悔を重視するのが、徳倫理学だ。これを気づかせてくれた契機となったのが、バーナード・ウィリアムズの「功利主義批判」（一九七三年）という論文だった。そこにインテグリティという概念が登場する。ここで示したいのは、後悔ということの重要性と、インテグリティとの関係についてなのだ。後悔と逡巡ということは、もう少し後になってから触れるかもしれないが、未来との関わりを考える場合に大事になってくる。未来は見えにくいけれど、その見えにくさを合理的な論理性で見通そうとするのは時として危うい道を通ることになる。徳倫理学とは、未来は不透明であり続けるとしても、それを待ち受けるための倫理学だ。そして、待ち受けるための地盤は後悔と涙に濡れた大地なのだ。

トロッコ問題という有名な倫理学的問題がある。制御不可能なトロッコに乗っていて、線路が二つに分かれ、左の線路上には五人、右の線路上には一人いる場合、どっちに進むのが正しいのか、という問題である。功利主義は善の総量計算によって、右を選べと命じ、右の線路を選んだことを正しいと考える。正しいことをしたのだから、その行為は一人の犠牲者が出ても正当なものであった、となる。

さらに別の有名な問題に、ジムとペドロの事例というものがある。ジムは南アメリカのある小さな町の中央広場にいる。二〇人のインディオが壁沿いに立たせられ、その前に制服を着た数人の軍人が銃を構えている。ジムは植物学の研究調査のためその地を訪れていたのだが、道に迷ってその町の広場に偶然たどり着いてしまった。汗まみれのカーキ色のシャツを着た男はペドロといい、政府軍の大尉で、インディオたちは政府に武力で抵抗しているので、これ以上反抗を引き起こさないために見せしめとして全員を銃殺する予定であると教える。ペドロは、ジムに質問し、学識ある研究者であることを知り、尊敬の念から、名誉ある訪問客として遇し、この町を訪れたことへの名誉を与えて、客人の特権としてインディオを一人銃殺する機会を与えるという。その記念で残りのインディオは解放するという。しかし、もしその申し出を遠慮するというのであれば、予定通り、二〇人全員を銃殺する、という。

ペドロの申し出に対して、ジムはどう行動すべきか、という問題である。功利主義者は、一人のインディオを殺すべきだと答える。しかし、どちらかが正しくて、正しい選択肢を選んだ者は後悔の苦しみに陥らないで済むということなのか。これらの問題に対して、正しい答えを探し出して切り抜けようとするのか、人間をつかんで離さない力に倫理というものの本質を見出そうとするのかで大きな違いが出てくるのではないか。

ディレンマだ。二者択一の状況で、いずれを選択しても不都合な結果になる板挟みの状態だ。進むことも退くこともできない。トロッコ問題もこのディレンマの一つのあり方だ。功利主義は、このディレンマを切り抜ける。解決不可能なディレンマを功利主義は切り抜けていく。一方で、功利主義を飲み込めぬままその状況を切り抜けられなくて、後悔し続ける人もいる。そういう人が倫理的な人だ。

二つに一つしか選べない場合、一方が正しく、一方が間違いという前提そのものが虚偽を含んでいるのではないか、と批判の声を挙げたのが、徳倫理学の提唱者たちだった。トロッコ問題は右（左）を選ぶのが正しかった、それで終わりという問題ではない。それは消すことのできない後悔をもたらす。後悔のみならず、「自責、良心の呵責」などとも様々に語られるが、どちらを選んでも悪を回避できない場合、解決できないディレンマだけが残る。

たしかにそうだ。人生は解決できないディレンマだらけだ。功利主義原理にしたがって、躊躇なく善悪の量的計算に没頭し最善の選択を選んで振り返らぬまま進んでいくのは、無邪気でしかない。ディレンマは功利主義によっては乗り越えられない。

二つの選択肢があって対立している場合、一方が正しくなければもう一方が正しいはずだと思ってしまう。命題の真理値であれば、真と偽という二つしかなくて、一方でなければその逆が成り立つ。しかし、倫理において、両方が間違っている場合もあるし、両方とも正しい場合がある。なすべきかなさざるべきか、どちらか一方とは限らない。善悪は行為にのみ宿るのではない。行為の善悪は確かにある。しかし、その善悪は最終的には人間に宿るのだ。制御できないトロッコに乗った人は、右を選ぼうと左を選ぼうと、そして選んだ結果が正しかったと判定されても、後悔の中に沈む。そういう状況に直面すれば潔く自ら命を絶つのが有徳な人だと考える道もある。後悔は、割り切れなさ、やりきれなさとして消しがたく心に残るが、人生は晴朗たる清々しい感情によってのみ構成されるわけではない。黒い情念が澱《おり》のように蓄積した川の縁に佇みながら生きなければならないこともある。

後悔はキリスト教思想においてはきわめて重視されてきた。カトリックの告解（告白とも言われる）は、自分が行った罪を告白することだ。告解は、1後悔の念、2告白、3償いの三つの契機からなるという。告白とは言葉で表現することだ。償いとは、なされた不正によって生じた害悪や損害を埋め合わせ、元の均衡状態に戻すことだ。後悔とは何か。後悔とは、行った罪について苦しむことという定義もある。激しい後悔を「痛悔」ともいう。痛悔というのは激しい言葉だ。後悔とは苦しみのためにあるのか。そうではない。倫理の基本的構成要素のはずなのだ。

庭に生えた小さな樹木も深い根を生やしていて、抜き取るのに案外苦労する。人間もまた世界に根を張っているはずだ。理性は地表のみを見てしまう。根っこの方が痛み続ける感覚が後悔なのだ。後悔とは世界に根っこを張っていることの徴《しるし》なのだ。倫理学が人生の根っこを扱おうとするのであれば、後悔を扱わない倫理学というのはあり得ない。

世界に中心があるとすれば、それは私が根っこを生やしている場所であり、そこで愛を叫ぼうとすることは、中心なき倫理学へのプロテスト（反抗）としてある。世界に中心などないと言い切ること、それは倫理学を忘却することなのだ。

世界の根っこ、それを確認することが後悔であるとすれば、人生が二度あればという思いもまた、根っこの感覚に由来しているように私は思う。

こじらせたあなたに

人はどのようにして倫理学の森に迷い込んでしまうのだろう。こじらせた初恋やこじらせた青春時代は一生を支配することがある。二〇代になって人生の意味が突如現れ、迷い道から出られることもあるのだが、そういった人はそれほど多くはない。迷うことは人生の定石だ。死ぬまで迷ったまま、それが人間だと思う。人を迷い道に引き込む力は何なのだろうか。

若いということは迷いの中にあることだ。だから、「人生とは何か、それが知りたくて哲学を学びたいと思いました」という学生は多い。とはいえ、それに対して私は真っ直ぐ答えたりはしない。倫理学を教える身分であるのに、なぜ答えないのか、職務放棄ではないか、という声が内からも外からも聞こえてくる。でも私は答えない。「人生の意味とは何か」「幸福とは何か」「人は何のために生きるのか」といった問いに安直に答えを出すことは危険だと思うから。

既製品の答えを出すことに苦労するわけではない。そういう答えでも安心立命のまま死んでいくことはできるような気もする。しかし、人生の意味を分かったように教えるのは、空疎な感じがつきまとう。人生の意味というありふれた問いに答えがないということは、重要な人生への示唆になっているのではないだろうか。自分の手で摑み取った答えしか、答えとしての働きを持つことはないのだから。

こういう心構えも若い頃には難しい。道路の小さなデコボコで転んで二度と立ち上がれなかったりする。一方で、そのまま哲学を学び続ける者もいる。子供時代のこじらせた「病」、「一四歳からの病」を基に人生設計するのも悪くない。こじらせてこそ、希望の原理は理念として現れることがあるのだ。コロナ禍が続く中で希望の見つけ方を模索することは、今にのみ固有な課題ではない。


「ボクたちには夢や理想がない、習わなかったから」。そう若者が文句を言う。そこでは何か勘違いが起こっているように思う。初めから蝶番《ちょうつがい》が外れている感じがする。蝶番が外れていれば、いくらドアを押しても引いても開かない。このドアはヒドイ、と言いたくなる。私もまた蝶番を壊して途方に暮れる若者だった。蝶番を壊してしまって、それに気付かず開かないぞ開かないぞと焦っていたような気がする。みんな軽く開けることのできるドアがなぜ開かないのだろう。

その蝶番に「夢」という名前を与えることはできないだろうか。夢とは習うものではない。夢とは、空から降ってくるものでも、誰かが善意でプレゼントしてくれるものでもない。夢は育てるか創造するか、場合によっては奪いとるものだ。そういう「人生の基本的真実」は道端に放り捨てられたままだったりする。

複数の選択肢が与えられて、そのどれかを選べばよい、そういう選択のチャンスが通知されることはない。いくら待ってもそんな通知は来ない。夢の非存在を嘆くことは許されない。未来が現在において与えられていないことを嘆く者は、言語の使い方の文法を学んでいない。未来の本質は、つまずかせることにある。

「そういう抽象的なことじゃなくて、具体的な指針がほしいんだ」、そういう声も何度も聞いた。若者よ、怒るな！　衝動的な怒りが湧き起こったら、六秒数えるというのが有効だと言われる。具体的な人生訓をほしいときは、少なくとも三年ぐらいは待ち続ける必要がある。そして、こういう中途半端な状況を曖昧なまま待ち続けられるのが、「ネガティブ・ケイパビリティ」ということだ。

思想とは何か。本棚に並ぶ様々な書籍にはそれぞれにいろいろな思想が込められている。目が眩む。ときどきは、新鮮な思想との出会いというか、胸がときめく経験もある。そのとき大事なのは、胸がときめくからといってそれが必ずしも深い思想とは限らないということだ。若い頃は真理は深いところに埋もれていると思ってしまう。私もそうだった。だから難しい哲学に挑戦しようとした。それは間違っている。真理は困難さに覆われているとは限らない。

私は立身出世するために金持ちになりたくて哲学を学ぼうとしたのではない。人生の基本構造を知りたいと思ったのだ。少なくともそう思い込もうとしていた。人生の構造において蝶番が外れているのだったら、蝶番の構造がどうなっているのか、もし外れたままで直しようがなければそれでもよいのだが、その蝶番を分解してみたいと思ったのだ。

それが文学の場合、別の仕方で誘惑されるように思う。太宰治、中原中也など、ふと出会った或る作品への愛着から、他の作品も読み始め、いつのまにかその作家がお気に入りになっていく。

作家への熱愛のゆえに全作品を読破しているというファンは珍しくはない。文学者の場合、歌手やタレントの場合と同じように、その人そのものへの愛着が、行動を引き起こす。作品そのもの、作品を表現する言語や思想が好きだという人もいれば、それを生み出した人物への愛着の強さが重要な場合もある。他の人には目もくれず、ファンを貫き通す人は多い。彼らは非時間性の中で耽溺する。

哲学の場合どうなのだろう。ベルクソン、ハイデガーなど、揺るがぬ愛を貫ける研究者も確かにいる。その人一筋で研究するのだ。とはいえ、そういう人はとても少ない。三〇代までは、一人の哲学者を信奉して夢中になって研究を遂行できるが、枠組みの全体が分かってきて、少し距離を置いて見られるようになると、熱が冷めていく。途方もなく冷めていく。哲学者に夢中になることはなく、概念や問題に心が向いて分析哲学に踏み込む人もいる。問題そのものに入り込む場合にはそれでもよい。

人間は哲学に関わる場合、何にこだわるべきなのか。思想の方なのか、それともその持ち主の方なのだろうか。そこに何かしら誘惑の構造があるように思えるのだ。カントが理念に見出したもの、プラトンがイデアに見出したもの、それはいずれも事実性に還元されない超越的なものであり、そこに誘惑する構図があると思う。つまずかせる未来を愛することができなければ実存なんかできないではないか。

思想そのものというのでも、思想を語った哲学者というのでもない、何か別の次元にあるものが呼びかけているように思う。思想そのものと、思想を語る人物との距離について、いずれに偏してもならない、という「大人ぶった」答えを出すこともできる。教師根性を出して語るセリフだが、どのように立ち位置を定めるのか、それは哲学に関わる場合に決定的に重要なことだと思う。

「坊主憎けりゃ、袈裟まで憎い」と言われる。憎いとまで思えるほどの心のこだわりは真理の宿る場所だ。愛と憎しみが三割以上混じっていない哲学はつまらない。私は誘惑とこだわりを大事にする。

人間とその作品との距離はどのようにあるのか。修辞学の概念に提喩と換喩というのがある。提喩とは、或る事物の性質や部分を取り出して、全体を代表させるものだ。肌の白い女性を「白雪姫」というのが典型だ。一方で、換喩は、付属していたり接近するだけのもので代表させる。赤頭巾を被っている女の子を「赤頭巾ちゃん」と呼ぶようなものだ。換喩というのは、フェティシズムと結びつくという議論が一九八〇年代に盛んに論じられた。記号において、その質料と意味とは換喩的で、一種のフェティシズムだという議論だった。

そういった昔の議論を繰り返したいというのではない。作者と作品の距離を考える場合、提喩的なのか、換喩的なのか、という区分は基本的分類様式として役に立つ。作者と作品との関係は、存在論的なものではない。作者は実体という固定的なものではない。実体であれば、「それは何か」と問い、概念においてとらえることができる。作者は「それは何か」という問いを飛び越えていくものだ。

実体とその属性の関係であれば、属性の性質をそのまま実体に移行させることができる。金という実体に展延性という属性が帰属する場合、両者の関係は固定的で、意志・願望・顔貌や、条件に基づく現実化ということは関係ない。しかし、作品の性質を作者にそのまま投影はできないのに、我々はあまりにも容易に作品の中に作者そのものが反映されていると信じてしまう。行為、言葉、顔貌、姿、振舞い、それらが本人を表現しているとは限らないのにリアルな射影的関係を見出してしまう。哲学者と、その哲学的問題とを強く結びつけてしまったとたん、それはフェティシズムに陥る。哲学的概念も問題も、それを考えた哲学者の性質でも所有物でも内属性でもないはずなのに、哲学的実在が宿っているように思ってしまう。哲学者にとって、哲学的問題はイデアのように離在しているのだ。にもかかわらず臨在・現前もする。フェティシズムに陥らない限り見えてこないものもまた多すぎる。

哲学者を聖人として捉えたい人は、哲学者の中にあるのは清らかで高潔なものだけだと考える。哲学者、すぐれた思想を紡ぎ出した人は立派な人間だと考える。哲学者とその思想は、離れてあるのか、内部に宿っているのか、私はどちらか一方に決めようとは思わない。むしろ思想と人間は、一致することも融合することも分離することもできない、不即不離の関係にそのあり方が見出されるのではないか。哲学者とその思想の関係は一期一会としてあると私は感じるのだ。一期一会を宙に飛び去らないように留めていく器としてのあり方が「人となり」ということだろう。「人となり」、英語ではcharacterだ。「人格、性格」と訳すと、ウソくさくなってしまう。

思想が生きているというのはどういうことなのだろう。或る思想と、その思想を考えた者との距離ということが大事ではないのか。距離そのものが弛緩したり緊張したりすることが面白い。思想がその人から取り出すことができて、すぐに移植できるようなもの、そういうものはマニュアルとして重宝ではある。便利でもある。しかし面白くはない。

また文学を例に出す。文学の場合、作品には興味が湧くが、その作者には心が向かない、ということも確かにある。しかし、或る特定の作者にのみ心が向いて、その作者の全集を隅から隅まで読んで、命日には墓にお参りをして、記念館も訪れるというファンもいる。生み出された作品が大事なのか、生み出した作者の方が大事なのか、鑑賞者の心向きによって変わってくるのだが、どちらを大事にするのかは、とても重要な分岐点になる。

作者や演奏家よりも、作品や結果こそすべてだという評論家めいた見方も成り立つ。こういう評価の仕方は友情や愛情においては「冷たい」見方になってしまうが、審査委員や採点者は冷たく作品を評価する。私の心が冷え冷えとしてくる。

哲学の場合、ニーチェやドゥルーズしか読まないという人もいるから、「贔屓《ひいき》筋」的哲学愛好家も多い。私自身、個人的にアッシジのフランチェスコ（一一八一／二〜一二二六）とヨハネス・ドゥンス・スコトゥスに対しては無条件に賛美を捧げることに決めている。あとは知らない。

哲学研究でも、その思想家がいつどこで生まれ、何年に何をしたかという事実的なものに関心の強い人はいる。歴史学への指向を持っている人だ。無味乾燥な事実を細かく正確に追求するためには、無条件の執着心を最初に準備しなければならないから、理由や根拠を越えて、特定の人物に執着できる心性を持てるかどうかは決定的に重要だ。無条件に執着できなければ思想史の研究者になることは絶対にできない。

私は、基本的に思想家の人となりについては興味がわかない、と思い込もうとしてきた。スコットランドのドゥンス村に生まれようが、下北半島の恐山に生まれようが、違いを見出したくはない、と思い込もうとした。哲学とは普遍的な知を求める学問だと素朴に考えていたから。自分自身の予想とは大きく違って、こんなもの学びたくない、つまらないと思っていた偏狭で特殊で時代遅れのようなスコラ哲学が、いつの間にか、世間に降りしきる冷たい雨をよける傘代わりになってくれた。哲学の誘引する力は思想家そのものに宿っている。

フランチェスコが私にそれを教えてくれた。いつも迷うとフランチェスコにたどり着いてしまう。そのフランチェスコから流れ出る思想の系譜と人々に支えられてきた。特にドゥンス・スコトゥスにはいつも分からないながらも助けてもらった。多くの研究者が彼の思想を理解するのに難渋してきた。いや、ドゥンス・スコトゥス自身が自分の思想の流れに難渋していたのだと思う。彼はいつも完成された思想の姿をかっこよく示そうとして哲学をしていたわけではない。いつもギリギリのところで哲学していた。傷ついて急いで手当てするように哲学をしていたような気がする。だから、そういう切羽詰まった緊張感のあるところが、彼のテキストの息づかいから伝わってきたのだ。

概念の息づかい、ということもあると思う。だから、彼の語る「このもの性」「形相的区別」「存在の一義性」とか、ドゥルーズがはまった様々な思想についても、たとえそれらが分からなくても歩みをともにすることができるのだ。

概念から概念への動きが、こちらの精神の中での概念から概念への動きと対応し合って、しかもリズムが重なるとき、分かるということが起きる。思想にはスピードがあって、概念にも遅い概念と速い概念がある。速い概念を矢継ぎ早にスピード感を持って語る若い哲学者たちがいる。昔は私もそういう語り方に憧れたが、心を素通りしていく。現代思想は、曲芸ばかり求めようとする。哲学は「曲芸」ではない。

詩でも短歌でも同じだ。教科書に載っているような名作だからといって、心に染み込んでくるとは限らない。言葉を扱う力と速さが、読み手の側の力と速力と重なって、シンクロするときに、何かがパチンとはじける。

どういう行為がよいものなのか、ではなくて、行為をする人に中心をおいて考える立場がある。「行為中心」ではなく、「行為者中心」の発想だ。「私はどんな行為をなすべきか」という問いよりは「私はどんな人であるべきか」という問いに取り組む倫理学である。

文学作品で言えば、いかなる小説を書くべきかではなく、或る特定の小説家がその人として書くべきものは何か、を問うと言ってもよい。普遍的な規則など、実際には役に立たないし、倫理的に振る舞おうとする場合にも同じである。「あなたならどうする」というのが倫理学の問いなのであって、「人間としてどうする」「日本人としてどうする」というのは、別種の問いである。規則化（コード化）できないのである。

そういう進み方をするのが、徳倫理学という考え方なのだ。「徳」というと「道徳」めいて、因循姑息の響きがして、とても悪いネーミングだが、今のところそう言われている。

テーゼとして表現すると、「行為は、もし有徳な行為者が当該状況にあるならなすであろう、有徳な人らしい（つまり、その人柄にふさわしい）行為である時、またその場合に限り、正しい」となる。

「徳」という言葉は手垢がついて古くさい。でも、本来は「人となり」を構成し、その人らしさを作り上げる「力」なのだ。その力が、人間を誘引し、誘惑する。誘惑とは非存在の発する基本的戦略なのである。

人生がその本人の人生であるためには、最初につまずいて、そして立ち上がって始まらなければならない。立ち上がることを誘惑する力は、内側にあるわけでも、ないわけでも、また外側にあるわけでも、ないわけでもない。非存在を友とする思想だ。そういう感覚を身につけることが倫理だと思う。こじらせた学問が倫理学だ。ここに誘惑の必然性がある。

第2章

世界と〈私〉の間にあるもの

夜と闇の中の倫理学

私が生まれた実家の周囲は街灯もなく、夜になると漆黒の闇が外に広がっていた。山奥の闇は暗いだけではなく、僅かな光まで吸収し、純粋な漆黒を引き起こす強度を有していた。強い暗闇は蛍の淡い光であろうと残像を残すほどだった。「物おもへば沢の蛍も我が身よりあくがれいづる魂かとぞ見る」（和泉式部）の短歌を習ったとき、あの蛍の光跡を人魂《ひとだま》と見ることも可能だったのかと、子供の頃見た光景を思い起こした。

寂しげな、くすぶり続ける情念の光に竦んだ思いが正当化されたようだった。物思いを知らない少年には、生き霊の光だったのかそれとも死者の光なのか、思い至りもしなかったのだが。

そんな山奥から東京に出てきた。太陽も当たらない場末の安アパートを転々としながら、どんな場末でも僅かながらの光に恵まれていた。漆黒の暗闇は都会にはなかった。

今ではマンションの七階に住んでいる。窓の外には、無味乾燥で、単調で、機械的で、殺風景な光景が広がる。鉄道の操車場に並ぶ牽引車と、リゾームのように広がる線路がその背景を構成している。

ビルだらけの無機的な夜の光景は、光がそれぞれのビルに格子状に点灯していたり、蚕棚のようにランダムに部屋の明かりがついたりして、山奥の漆黒とはずいぶん異なるものだと感じる。

闇（tenebrae）は、西洋の伝統のなかでは、往々にして悪や悪魔と結びつけられてきた。光が神や真理や栄光と結びつけられてきたのに対し、闇はいつも憎まれてきた。夜行性の動物に襲われ捕食されてしまう危険の中で、闇と夜とを過ごしてきたからなのか。

闇とは認識不可能性、表象不可能性であり、生命においても、認識においても、倫理においても、退けられるべき憎まれるべき存在であり続けてきた。

カロリング・ルネサンスにフレデギススという哲学者がいる。アルクィヌス（七三〇頃〜八〇四）の弟子で、生年出生地も不明で、八三四年に没したことしか分からない。彼自身が闇のごとき人物である。遺された著作は、唯一「無と闇の実在について（De substantia nihili et tenebrarum）」だけだ。

それはラテン語で三頁ほどの短い論考である。無と闇という論じにくい主題を正面から扱ったこの論考は有名で、様々に論じられてきた。妖しげな題名からの期待を裏切るごとく、そこには反キリスト教的な側面も魔術の側面も見られず、比較的穏当な論理学的文法学的考察が展開されている。

倫理的な含意が欠如している。闇に込められてもよいはずの、濃厚な倫理的な読み込みは見受けられない。カロリング・ルネサンスという時代のスタイルかもしれない。

直接的影響関係があるわけではないが、フレデギススの少し後に登場したヨハネス・スコトゥス・エリウゲナ（八一〇年頃から八二五年の間に生まれ、八七七年以降没）は、主著『ペリフュセオン（自然について）』の中で自然を四種類に分類し、その最後の第四番目の自然、「創造せず創造されない自然」として無を考察している。無は中世の最初には盛んに論じられたのである。

フレデギススは「無」をどう考えたか。「無」は存在者（ens）ではない。何か或るもの（aliquid）なのだ。「或るもの」とは、存在する事物でなくてもよい。世界を構成している事態や出来事でもよい。たとえば「私が魚ではないこと」も「私がライオンではないこと」も、いずれも或るものである。否定的事態を考えると分かりやすい。

だから無は意味もある言葉だ（Nihil aliquid significat）。無は何ものかを指示しているのだ。これは正統的な思想においては許容されないような考え方だ。無が世界を構成してしまうから。無の取り扱いは中世論理学のなかの特定の分野で詮索されたのだが、神が創造した世界の中に残り続けることは難しい。

フレデギススは次のように述べる。

あらゆる表示は存在するものの表示である。ところで、無は或るものを表示する。したがって、無は存在するものの表示、すなわち実在するものの表示である（Omnis significatio est quod est. Nihil autem aliquid significat. Igitur nihil ejus significatio est quid est, id est, rei existentis.）。（フレデギスス「無と闇の実在について」、『中世思想原典集成6　カロリング・ルネサンス』山崎裕子訳、平凡社、一九九二年、三八六頁）

無が存在するものを表示すると書いてあっても、それほど驚くべきことではない。世界を構成するものが事物だけではなく、事態という成立している事柄も含めればよいのだから。

私がライオンでないこと（事態）は存在しているのだ。だから、フレデギススの思想には異端的なものが含まれているわけではない。しかし、多分に危険性の萌芽を含んでいたのも確かだ。中世において世界は神の創造の結果であり、創造が祝福を含意する以上、無が祝福されるものとはなりにくい。神の愛は無や否定には向けられないとされていた。

フレデギススの黒い思いは闇にも向けられる。


闇が創られたのに、なぜ闇が存在しないと言われるのか。創られたものは創られていないようにされえないし、常に存在しないものはいつか存在するということはなく、けっして存在しない。しかし、闇は創られたのである。それゆえ、闇が存在しないことはありえない。（同書、三九一頁）

フレデギススが無や闇をあえて論じそれが伝えられてきた背景には、自分自身ではそのテーマを論じることが困難である人々がいたからだろう。自らの思考を託せる存在として、フレデギススの無と闇の論考は受け継がれてきたのだ。

闇は存在するものだ。光の欠如として論じる仕方はよくある安全な語り方だ。フレデギススはもっと積極的に語る。「出エジプト記」に書かれている闇を持ち出す。闇は存在し、触れて摑めるほどの深い闇でエジプトの民を包んだという（「出エジプト記」10：21〜22）。闇は覆い隠す力を有している。

三〇年ほど前、北関東の山奥の温泉に行ったことがある。冬の雪深い頃だった。そこは湯治場の名残を残していて、数少なくなった混浴の露天風呂があった。寝る前に温まろうと露天風呂に行った。誰もいるまいと思い、脱衣場の扉を開けた。白い女性の背中が私を待ち受けていた。無防備な裸体のまま、若い欧州の女性の姿がそこにあった。解放感を放つ裸身が薄暗い脱衣場の中で光っていた。あわてて眼をそむけたのだが、白い背中が目を刺し貫き、残像として目の中に長く残った。露天の浴槽の中でも、周囲の渓谷と岩壁を隠し守っている暗闇をほのかに照らし出していた。そこで経験した闇は恐怖の対象というよりは、淡い官能性を帯びていた。

昼や光が働きをなすとき、対立する夜も闇も働きをなす。闇は、空虚で（inane）、風のごとき空っぽ（ventosum）なものではなく、或るもの（quiddam）なのだ。リアルで確かなものだと述べられる。それどころか、闇は基体の中に（in subjecto）、量（quantitas）を有し存在するだけでなく、物体的（corporale）でもある、とまで述べている。これほどまで闇を無造作に実在化する語り方は無防備だ。

無は中世哲学では論じられなくなっていくが、それは異端との親和性が高かったからだろう。一三世紀の異端カタリ派の著作のなかでは、無と悪魔を結びつける、きわめて危険な思想が紡ぎ出されていく。

「ヨハネ福音書」の冒頭に「万物は言《ことば》によって成った。成ったもので、言によらずに成ったものは何一つなかった。言の内に命があった。命は人間を照らす光であった」（「ヨハネ福音書」1：3～4）とある。

「言葉なしに創られたものはない」と二重否定で語られている。ところがカタリ派は、二重否定としてではなく、「万物は言葉によって創られ、言葉によらずに無が創られた。言葉の内に創られたものだけが命であり、命は人間を照らす光であった」と改釈する。つまり、命と光は言葉によって創られたものにのみ宿り、言葉によらず悪の原理によって創られたものが死と闇である、という二元論が、聖書にも展開されていると改釈する。句読点の置き方によって、相反する読みが生み出されてくるのである。

古代のグノーシス主義は、悪と物質を結びつけ、神による世界の創造が物質性を世界に持ち込み、悪を引き起こしたとされた。その際の悪と物質性の起源が「無」であり、物質性の消去、つまり世界の消滅が目指されたのである。グノーシスにしろカタリ派にしろ、その思想の破壊性は騒乱をもたらした。だからこそ、「無」は危険視され慎重に取り扱われる必要があった。「無」は緩和されて論じられざるを得なかった。このように解される「無」は、存在性の欠如ではなく、無の如き（quasi nihil）ものであり、存在性や完全性においては縮減しているとはいえ、積極的で実在的な存在者、つまり悪の原理である。「言葉、光、命」という系列と、「言葉なし、闇、死」という系列が「ヨハネ福音書」から取り出されるのである。そして、悪の原理の総元締めがローマカトリック教会であるという考えへと発展し、戦闘的異端集団になっていった。

死と闇は宗教的権威者にとって危険なものであったが、個人にとっても乗り越えがたく存在する。夜の闇をどのようにやり過ごし、耐え忍んでいくのか。睡眠というのはそのための有効な方法であり、しかもそれは休息の時間であるのみならず、その日に体験したことのストレスを、記憶のゴミ箱に葬り、重要な情報を整理し記憶箱に入れるための時間にもなった。たくさん眠ることは、善く生きることの条件となった。心の闇はどうすればよいのか。

見える世界は幾重もの層から構成されている。一番表層の世界は色彩豊かに動きに溢れ、人々の顔貌や表情や体の姿と動きによって、様々な感情が激しく素早く出現する領域だ。ヒュームが世界とのかかわりを、デカルトが考えたような観念ではなく印象（impression）においたのは、そのような生々しい世界との触れあいを念頭に置いたものだった。

眼に見える様々な形象に充ちた次元は、その下に想像力、図式作用、純粋直観の形式、認識可能性、表象可能性といった幾重にも重なる次元を秘匿している。根底にある偶有性を取り払い、それ自体としてあるものは裸形の本質を露見させる。偶有性とは実体という本体を時間ごとに変化しながら覆い隠し、装飾し、そして足早に遠ざかっていく飾りなのだ。偶有性は、本質という同一にとどまるものに移ろいながら現れ通り過ぎる仮のものに見える。本質こそ重要で、偶有性は本質の外部にある付随物と見なされてきた。だが、本質の外部にあるということが、本質を準備し、それを整える器のごときものとしてあるならば、それは本質の外部にありながら、本質に先立ち、もっとも根源的なものの場合もある。偶有性は本質の深奥にあるともいえるが、とりあえず外被として現れる。

変動してやまない、様々な偶有性という衣服を取り去った、単純性や絶対性の相において、つまり裸の実体において捉えるとき、実体は光り輝く闇として現れる。裸形は、闇に隠され闇に守られるごとく登場する。闇は危険性だけを契機とするのではない。何かを守り隠すものとしてもあり、そしてそれだけにとどまるのでもないのだ。

フレデギススの同時代人ヨハネス・スコトゥス・エリウゲナは次のように語る。

神学は、天上のもろもろの力の近づき難い明るさをしばしば闇と呼ぶのである。それらの力が近づこうとする最高の知恵そのものも、非常にしばしば闇という言葉で表されるとしてもなんら不思議ではない。（ヨハネス・エリウゲナ「ペリフュセオン（自然について）」、『中世思想原典集成6』今義博訳、五七二頁）

闇と光ということを二元論的に対立するものだとばかり私は長い間考えていた。西洋的な理性の光を無邪気に信じていたためだろう。光と理性とを結びつけ、その裏で闇を排除してしまうのは近代的な見方に過ぎないのではないのか。

いつからか別の光もあると私も感じるようになった。目黒の五百羅漢寺にやはり三〇年ほど前にお参りに行ったことがある。本堂がまだ木造の頃だった。薄暗い本堂に一人で入っていったのだが、誰もいない。どう振る舞ったらよいのか分からぬまま、合掌してから辺りを見回すと、明かりもないのにぼーっと光っている感じがする。

窓から差し込む光しかないはずなのに、本堂の中が淡い光に満ちているように感じる。誰もいないはずなのに、囲まれて、見つめられている感じがする。どうも一つ一つの仏像が内側から光を放っているような感じがする。これが後光というものだったのかと感心した。

考えてみれば、人間は一人一人、如来ということを内蔵しているはずだから、後光を放っているはずだ。しかしそれは日常の中では見えない。現在の人間がそれを失ってしまったのか、それとも後光を見る眼を失っただけかもしれない。

いや、人間は様々な鎧を着ていて、その光を隠しているのだろう。人間はお互いに攻撃し合う。だから服装や肩書きや資格や建物やらで攻撃から自分を防御する。無防備な裸体は傷つきやすさ（vulnerability）のままの姿を現す。それはお互いへの傷つきやすさへの心配りが成立する場面であり、家族的なもの、親密性が成立する場面でもあるのだ。

光とは、蛍光灯の無機質な光の放つ平板で無味乾燥な光ばかりでなく、滲み出てくるようなものもあるのではないかと思うのだ。近代合理主義批判という二〇世紀後半に、恒例行事のように繰り返されていた論点には辟易していたのだが、西洋中世の薄暗い世界の中の哲学を追いかけていると、現代とは異なる光景がそこに広がっている。

物質と光だけ見る視力ではなく、闇や悪や弱さを見る視力が必要なのだろう。倫理学は合理性や理性や光に充ちたものである必要はない。闇に充ちた倫理学というものも考えられると私は思う。

セカイ系倫理学を求めて

一九九六年、私は西洋哲学史の授業を持っていた。そこでは主に古代におけるキリスト教異端思想のグノーシスを取り上げた。ちょうどテレビアニメの『新世紀エヴァンゲリオン』（以下『エヴァ』と略記）が流行っているときで、「死海文書」も登場するし、物語の枠組みがグノーシスと似通っていることを知り、授業で話したところ学生たちの食いつきが良かった。

グノーシスは、二、三世紀に地中海世界東方に発生し、その後地中海全域に広がっていった宗教運動だ。紹介する本がその頃日本でも数多く出されブームになっていた。そして『エヴァ』ブームとのシンクロが起こった。

「オタク」という語が広まったのもこの時期だ。オタクの権化のような主人公である碇シンジに対する共感を示す若者たちは多かった。別の世界への入り口が現れていると私には感じられた。

グノーシスは善悪二元論の宗教で、キリスト教のモチーフが入り込んでいる。そのために原始キリスト教団にも影響を及ぼし、教義をゆがめることとなった。グノーシス論駁の書がたくさん書かれたところを見ると、影響力が大きかったようだ。

新約聖書のように一貫したモチーフで書かれた聖典と比較すると、グノーシス文書にはレイプや凌辱といった暴力的な神話が登場し、刺激的だが雑然とした荒唐無稽な物語群にも見える。なぜグノーシスがキリスト教にとって大きな脅威であったのか、不思議な気持ちを私は持っていた。危険視された理由には少なくとも二つあったと思う。一つは、世界を創造した神をこの世に悪をもたらした張本人としてとらえ、創造神による宇宙の創造を元に戻すことが救済神話の基本的枠組みとなっているところだ。

もう一つは、現実世界に対する憎悪である。現実世界への憎悪は、現実の権力への反発として暴力的反抗やテロリズムという形でも現れるが、思想や宗教においては、現実の終焉によって理想的な世界が到来するという終末論に結晶する場合も多い。キリスト教は、既成のユダヤ教では救われない貧しい人々の救済（魂の救済）を目指すものであった以上、「ヨハネの黙示録」に示される終末論の側面が見られるし、もともと現実世界への憎悪という要素はあった。その思想を根本的に向けかえることでキリスト教は成立した。だからこそ、グノーシス的なものは徹底的に排除されるべきものだったのだ。

グノーシス思想の末裔は途絶えることなく、現代にまで連なって生き延びてきた。その系譜において、世界とは悪に満ちたダンジョンであって、その悪を倒し、消滅させるべく、戦い攻撃し破壊することが戦士としての使命なのだ。世間に数限りなく出されるオンラインゲーム、RPGなど、私は戦いや闘争やバトルを使ったゲームには手を出さないことにしているのだが（はまりすぎることが分かっているから）、圧倒的多くの人々がそれに夢中になっているのを見ると、人間はこの世界を戦うための場所とし、他者とは打倒されるべき存在なのだと考えているのかと思ってしまう。

グノーシスも世界を悪を倒すための場所と考える。だから、教義としては乱雑な宗教の混合物であっても、心の方向性において同じ人々を巻き込む力を有していたのだろう。グノーシスの中には、憎悪する物質世界から離脱するために、肉体性を排除すること、肉体性を無として切り捨て消去しようとする流れがあり、家庭も生殖も排除しようとした。彼らの禁欲的生活は世界への憎悪に起源をもっていた。質料性を持たないことを希求する点において、彼らもまた

「天使主義的誤謬」に陥っていた。

パスカルは『パンセ』において、「人間は天使でも獣でもない。そして不幸なことに、天使になろうとすると、獣になってしまう」と記した。天使ではないものが天使を夢見たりすると き、人間であることの条件を逸脱する誤謬を犯してしまう。人間は人間でしかなく、肉体性質料性を免れることができず、そして免れられない限りにおいて、不完全である限りにおいて、人間としての本来の姿を保つことができる。だからこそ、世界を憎む者は人間としてのあり方・姿をとどめにくいのである。


世界を破壊しようというより、人類を「補完」しようというモチーフが、『エヴァ』に見られる。「補完」という名前・概念によって、人類の破滅を語るのは、グノーシスの末裔としての資格を十分に有している。使徒も汎用人型決戦兵器エヴァも、サードインパクトも、『エヴァ』における基本概念のほとんどすべてが全面的破壊性の契機を持っている。

『エヴァ』についてはさまざまに語られてきた。私は、『天使の記号学』を書いた時、『エヴァ』とドゥンス・スコトゥスの「存在の一義性」を結び付けようという使命感に燃えていた。私もまたいつのまにかエヴァ教徒になってしまっていたのだ。

存在の一義性とは、存在はすべてのものに一義的に述語づけられるという平明な思想ではなく、世界の中に亀裂と軋轢を見出す思想だと無理やり読もうとしていた。述語というのは、主語を捉え、その一部分としてあることに限られるわけではない。もちろん、そのように主語と述語を同じ平面に置き入れ整理することもしばしばなされる。主語と述語との間に落差が生じるときに、何かが立ち現れる。もし「我思う、ゆえに我あり」というときの「我あり」、「あり・存在」が「我」の一部分を構成するというのではつまらなすぎる。そしてデカルトもそんなことをいっていたのではない。「我あり」というときには、世界の中心が措定され、そこに「我」が存在を伴って、世界が語り始められるということではなかったのか。主語と述語が同じ平面の全体と部分でしかない場合、物語は始まらない。

ジル・ドゥルーズが流行り始め、中世スコラ哲学を消費しようという流れが出始めたころだったが、私はドゥルーズの存在の一義性理解への反発ということもあって、捻じれた仕方で存在の一義性に挑んだ。存在ということも一義性ということも、物語の始まりを意味していた。ドゥルーズにおいてもそれが語られていた。私は最初それに気づかず、ドゥルーズを論駁しようと試みた。

その試みはその後のスコトゥス読解の中で弾き飛ばされることになるのだが、それはともかくとして、そのころ、私はグノーシスとドゥンス・スコトゥスと『エヴァ』を結び付けようとしていた。ドゥンス・スコトゥスに破壊性の契機を無理やり読み込むことで、存在しない破壊性を投影しようとしていた。

私にとって、大事だったのは「エヴァっぽい」ということがどのように世界に関わろうとしているのかを知ることだった。「エヴァっぽい」とは、一人語り、自分語りが激しい、ということであり、村上春樹に連なるような、自意識過剰系という徴を表していた。

「〈私〉を中心とする意識の審級」として考えられるものだ。「意識の審級」とは、意識こそ世界の出来事が吟味され、配置され、意味を読み取られる唯一の舞台ということだ。無意識の世界、太古の記憶の世界、夜の睡眠の中の世界、意識の中での出来事を準備する前言語的・前意識的な世界をなぜ見ないのだろう。夜の暗闇のもたらす恐怖と不安は、精神が意識の審級によってのみ構成されているのではないことの十分な証拠になっているようにも思う。「意識の審級」にとらわれすぎると、〈私〉は呼吸しにくくなる。「意識の審級」ということは、『エヴァ』におけるATフィールド（絶対恐怖領域、簡単に言えば「心の壁」）に対応し、ATフィールドという心の壁を取り払われてしまえば、普遍的人格としての聖霊のなかに全人類を融合してしまう物語が語られていた。

意識の審級を越えて救済が与えられるというイメージは、ギリシア教父のヨハネス・ダマスケヌス（六七四頃〜七四九頃）にも見られる。ダマスケヌスは、「実体の無限なる海」という概念を語り、すべての存在者が存在のうちに溶け込んでいるものとしての神を語った。すべてが融合して溶け合うイメージ、それはドゥンス・スコトゥスにおいて「無限なる実体の海」と少し形を変えて取り込まれ、彼の存在の一義性の重要なモチーフとなった。それは、『エヴァ』において、綾波レイがグレートマザーとなって、すべての人間を飲み込み、一つの聖霊として人類を補完してしまうイメージに結び付くと思った。『エヴァ』は存在の一義性だったのである。私は『エヴァ』を見ながらひとり興奮していた。

『エヴァ』が存在の一義性と結びつくのであれば、「自分語り」と「存在語り」は重なる。すると、スピノザが『エチカ』で展開したことも、『エヴァ』系の自分語りではないのか。デカルトの「我思う、ゆえに我あり」も「自分語り」だったのかもしれぬ。中世では自分を語るやつは傲慢の罪に陥る。『エヴァ』TV版第二六話のタイトルが「世界の中心でアイを叫んだけもの（Take care of yourself）」であったことは、庵野秀明の「碇シンジは私だ」という告白だったのだろう。

『世界の中心で愛を叫んだけもの』という小説があった。〈私〉が世界の中心で「愛」であれ

「アイ＝〈私〉」であれ、叫ぶというのはとても恥ずかしい。「私は叫ぶ、ゆえに私は恥ずかしい」。

「自分語り」は静かな、引きこもりの世界ではなく、暴力的なものかもしれない。そして哲学は一見すると理性的であっても、実は『エヴァ』の仲間で暴力的な思想形態かもしれない。『エヴァ』とはどういう現象だったのか。「中二病」や「セカイ系」という概念とどのような関係にあるのか、ずっと気になってきた。セカイ系とは何か。新海誠の『ほしのこえ』を見て以来、頭の中で鳴り響いている問いだ。なぜ「セカイ」とカタカナなのだろう。

「世界っていう言葉がある。私は中学の頃まで、世界っていうのは携帯の電波が届く場所なんだって漠然と思っていた」と、『ほしのこえ』は始まる。スマホではだめだ。ケータイとスマホはメディアとしては異なる。ケータイは電話の発展形態として考えられる。

電話はとても面白いメディアだった。「独身、若者、女性」という要素と強く結びつくメディアという分析があった。社会学的な分析はともかく、電話は「近傍」を構成するメディアだった。「そばにいる」感じを作る機械だったのだ。ケータイはその機能を継承した。スマホは、ライン、メール、インスタ、ツイッターという機能を見ていると「遠隔」的なメディアだ。

セカイ系の要素は、「孤独であるというイメージ」「他者を求めているイメージ」「分からない敵と戦っているというイメージ」からなるのだろう。

なぜ戦っているのか分からないが、戦っている、戦わざるを得ないというイメージであり、戦うことによって自分の存在意義が現れてくる、確かめられるのだ。希薄なリアリティを濃厚なアクチュアリティに変えるのは、自分が戦っているという自己感覚なのだ。

「戦う」ことが存在意義であると捉えることそのものが、世界のあり方に対する予断を含んでいる。「世界内存在」の実存様態は、本来的には死に向かい、死を先駆的に決意する存在であるが、死を見つめることを避け、日々の気ぜわしさと雑事と楽しみに心を費やし、世界に埋没して生きているということだった。世界の「内」にあるということは、世界の中に埋もれて生きることだ。そのように、人間の実存が捉えられるとき、世界と戦うということを、いや世界のために戦うということを含んではいなかった。実存の様式として「戦う」ことが取り出されてよい。セカイ系は、ハイデガーの語る世界内存在の様態を「孤独、戦うこと、自分を愛してくれる他者」という契機で作り直す。セカイ系がハイデガーの先を行っていると言いたい者を押しとどめることは誰にもできない。


日常性を維持したままでヒロインが戦闘機のパイロットであったりすることは、セカイ系の心的原光景を示している。親も先生も塾講師も皆「ガンバレ、戦え」と叱咤激励する人々なのだ。そういう状況の中で、なぜ私は戦い続け、顔のない敵を倒さなければならないのか。世界の基本的存在様態は、戦うということばかりではない。世界が敵と味方に分かれ、敵を倒すことが世界の中での基本的行動様式と考えることが、「政治的なもの」というあり方だ。

セカイ系の定義には議論があるが、主人公とヒロインを中心とする小さな関係性（「きみとぼく」）の問題を、具体的な中間項を挟むことなく「世界の危機」「この世界の終わり」といった抽象的な大問題と直結させる作品群のことだそうだ。

自分一人が世界を救済できるかもしれない、という思いは十字架上のイエス・キリストにおいてあったのかもしれないが（キリスト教の起源はそこにあるけれど）、普通は誰もそんなことは考えもしない。ちっぽけな自分が世界を救えるという希望がセカイ系なのか。誇大妄想の中でしか「自分探し」はできないとすれば、人生はずいぶん空っぽすぎる。しかし、セカイ（「世界」と書くべきなのか、別のものなのか？）との関係のない、意識の繭の中での思考が自分探しの十分条件のはずがない。人間とは「考える蚕」ではない。

自分が世界とつながっている感じがあれば、世界が何のために戦うのか分からない闘争である必要はないし、何だか分からない敵を倒す必要もない。『エヴァ』にしてもセカイ系にしても、なぜあれほどまでに攻撃性や破壊や暴力性が描かれるのか。悪を攻撃し、駆逐し、消滅させるためには、暴力性は必要だという世界観があるのだろうか。善と悪の二元論的世界は、善が悪を攻撃し、破壊するという構図で描かれる。鉄腕アトムもマグマ大使もガンダムもそうだ。世界とは戦い、殺しあうために存在している、ということだ。それでいいのか。

善と悪、味方と敵、それらは無媒介的に直接的に対峙する。媒介がないがゆえに、共感も同情も生じることなく殺しあう。何かが欠けている。

自分とは何か。岡崎京子の『リバーズ・エッジ』がすごかったのは、若者が家族や両親から心理的に離脱して世界と出会う物語が、「ボーイ・ミーツ・ガール」ということ、それを漫画で教えてくれたことだ。見捨てられた河原の草原の中の死体が少年少女たちの秘密の誓いの中心となるのは、世界に出会うことが、無謬性や安全感や無邪気の領域から脱して、吐き気（サルトルが『嘔吐』で描いた領域）に住み込むことだからだ。世界への反抗や吐き気は、子供じみたものであり、乗り越えられるべき段階である、と世間の「大人」は語る。乗り越えないまま そこにとどまることが「中二病」なのだろうか。もしそうだとすれば、哲学は普遍的中二病なのだ。

「世界」と似ているけれど、異なる概念に「世間」というものがある。阿部謹也の「世間論」が曖昧だという批評を読んだことがある。国家や社会や市場という抽象的な概念を学問的基礎概念と捉える人間からすると、「世間」とは定義しにくいかもしれないが、そもそも国家や社会や市場といったものの方が曖昧ではないのか。

「世間」とは日本人からすると、身の処し方を定める規範的な枠組みであり、入会資格も定まっておらず、抽象的な団体なのである。西洋における「社会」はギルド（同業組合）である。

阿部謹也は、「世間」ということに時代遅れの古いものを見出し、批判する。「世間」とは個人意識が成立する前の段階において機能するものであり、西洋においては中世において個人意識が確立する際に消滅し、世間の後に社会が成立した。ところが、日本には社会は存在せず、存在するのは「世間」のままであると考える。「世間」とはそういうものなのか。

私秘性と公共性を媒介する中間的集団が「世間」なのだ。公共性が神に起源を有する、社会契約によって成立するなど様々に捉えることはできても、そもそも公共性は超越的なものとしてあって、生殺与奪の権限を有していた。「世間」という中間集団は、価値規範の枠組みを提供するものであり、「集団の中に空気のように流れている倫理学」の機能を持っていた。西洋において、倫理学は、個人の意識の中に、良心として内在することを求められていた。だから

「義認（justification）」ということが個人の「意識の審級」において成立した。「義認」、これは世間の中で「正しい人」として認められることだ。失敗や過ちを起こしても、「君は正しいことをした」と慰めの言葉をかけられるとき、その人は「義認」された。この言葉を「正当化」と訳す手もある。しかし、なぜあえて「義認」という言葉にこだわるのかと言えば、この言葉は魂の救済に関わるからだ。キリスト教では、人の一生が死後神によって評価されるとき、行いの結果によって、というよりもその人そのものの「正しさ」が考えられ、その結果として「義認」が生じる。行為の結果によって計られるとすれば、天災、疫病、疾病など運不運に左右される人生に付きまとう格差を無視することになる。人そのものの正しさによらなければ、魂の救済など空しき風の声だ。

日本において、魂の救済はどの場面でなされるのか。日本において、正しいかどうかは「世間の審級」において定まる。世間の動向を探る能力が「忖度」なのであり、忖度のできない日本人は正しい日本人とは言えないのである。「忖度」がマスコミでバッシングの対象として蔑視されたが、忖度ができなければ日本の世間の中で生きていくことはできない。「世間」を脱ぎ捨てることによって、近代的個人概念が成立したという啓蒙主義的な図式に味方したいとは思わない。舶来万歳的近代主義を感じてしまうのだ。和風島国引きこもり主義を応援したいわけでもないが。

「セカイ系」と「世間系」、両者を対立するものとして考えるのは簡単だ。「セカイ系」は世界全体へと無媒介的、直接的に結びつこうとするのに対して、「世間系」は様々な中間的媒介集団を介して普遍性に至ろうとする。「セカイ系」は無媒介的直接性において成り立ち、「世間系」は媒介的間接性を本質としている。媒介的で間接的な道筋は、苦労と手間を必要とする。セカイ系は、苦労を考えない甘ちゃんということになりそうだ。「セカイ系」を批判する者は、それはオタクの自己正当化であるとして批判し、世間を擁護することを知らず知らずに行ってしまい、一方で「世間系」の批判者は「世間」を保守的なものとして批判するということを行っている。

「セカイ」と「世間」は対立関係にあるのに、両方同時に批判する批評家たちがいる。彼らの存在は、逆説的に「セカイ系」が世間を大なり小なり扱っていることを示しているのではないか。「セカイ系」を「世間知らず」と考えるのは、私には不思議な光景に見えるのだ。世間、セカイ、世界は同一実体の様態ではないのか。私は『ほしのこえ』を見たスピノザの声を語るイタコに出会ってみたいのだ。

セカイ系を擁護する批評家（東浩紀）、そしてセカイ系を批判する評論家（宇野常寛）という枠組みでいろいろと読んでいて、そういう読み方は時代遅れのブーム遅刻者の遠吠えでしかないという自覚はありながら、現代のブームにとどまるのではなく、古代からの人類の宿題だとしたら、遅刻者もまた語るべきかと思ってしまう。

私はセカイ系を擁護したり攻撃したいと思うことはない。攻撃性を吸収し、世界を戦いと破壊と攻撃の場面としないための原理は何なのか知りたいだけだ。媒介の倫理、それがセカイ系倫理学とならなければならない。

大地に向かう倫理

ヨーロッパの風土に噎《む》せ返るような土の臭いは似合わない。いや、実際にほとんど感じたことがない。都市に行くのが大半で、その経験は限られているからかもしれない。だが、田園地帯に行っても、牧羊の草原に行っても、草木の生える湿地帯に行っても、濃厚な土の臭いに出会ったことはないように思う。旅行疲れで鼻が利かないせいなのか、そういう臭いのする場所もきっとあるには違いないと思いながら、経験はできていない。

土のことが気になって、藤井一至『土　地球最後のナゾ』（光文社新書、二〇一八年）を読んだ。とても面白い。ヨーロッパに関する私の直感もそれほどずれてないようだ。

ヨーロッパの多くは、大昔氷河に土が削り取られ、石灰岩質がむき出しになったような地形が多い。そういう場所では、豊穣な土壌というのは期待しにくい。大きな河川沿いに豊かな土壌が広がる場合はあるとしても、それ以外のところは雑草すらろくに生えない、痩せた土地だ。

日本でも東京に土の臭いがするかと言えば、そうではない。たくさんの公園もあって土を身近に経験できても、土からは切り離されている。

もちろん東京にも土はある。だが土らしい土ではない。私の中にある「土的本性」がそう語らせてしまう。生地の出羽三山の山深い場所で、季節ごとに変わる土の臭いの中で成長した記憶も、新潟に長く暮らして蒲原《かんばら》平野の豊穣な土に何度も触れた記憶も、都会のコンクリート群落に反逆せよと語りかける。

土と倫理学の関係、そんなことを考えようとしたことはなかったのだが、日本的な人間関係には土の臭いがする。義理と人情というような古い日本的伝統の名残を感じるというのではない。ＩＣＴが進み、テレワークが普及しながらも、日本人は膝頭まで泥に埋まりながら歩き続けているように思う。

土という物質的なものと、倫理性がどう結びつくのか。西洋哲学には「土とは何か」という本質直観に真摯に取り組もうとする志向性を見つけることはできない。「土とは何か」を考えた哲学者に出会ったことがないのだ。ふと、「土」なき倫理学は可能なのか、と考えてしまう。土のエレメントの欠如した倫理学とはどのような資格で倫理を語るのだろうかと思ってしまう。

古代ギリシア哲学は世界の構成要素＝エレメントとして土水火風を挙げた。エレメントを「四大」と訳すのは、「土水火風」を指すからだろうが、名づけの順番の転倒が面白い。ただし、ここで「土」というのは「大地」のことだ。バシュラールは、土水火風のエレメントのそれぞれについて、人間の想像力の飛翔の様子を博物誌的に調べた。しかしそこでも「土」は「大地」であり、堅固さと静止状態において捉えられている。彼もまた、土の本質である「腐敗」ということを主題化していない。

土へのこだわりを見せるとすれば、それはロシアだ。ロシアはヨーロッパに含まれるのかどうか。それは私にはあまり重要な問題ではない。西方のカトリック教会とはかなり異質の東方教会のキリスト教を受容し、地域的にもヨーロッパの辺境の外部にあって、西欧的近代化が遅くやってきた地域をヨーロッパに含めるかどうかは、その土地の人々には重要であっても、世界哲学の見地からは周辺的な問題だ。魂が土の臭いを求めてしまうのだ。「土」ということには大事な哲学的論点が隠れているような気がする。

ロシア思想の「土」との親近性を示すものは多数存在するだろう。しかし、私は何といっても、ドストエフスキーの『カラマーゾフの兄弟』を挙げたくなる。

『カラマーゾフの兄弟』のクライマックスにあるのが、アリョーシャによる大地との接吻だ。敬愛するゾシマ長老は聖人としての名声が世に知られる人だった。聖人は亡くなっても腐臭がないという言い伝えがあった。しかし、ゾシマ長老は、死後まもなく腐臭を漂わせ、敵対していたフェラポント神父から「悪魔よ、出ていけ」という呪詛の言葉を投げかけられる。

崇敬していたゾシマ長老が腐臭を漂わせたことに絶望したアリョーシャは嘆き悲しむ。そのあと、普遍的愛に至る媒介の象徴として「一本の葱」の話題が二度も、つまりグルーシェニカの口からと、アリョーシャによって想起されたゾシマ長老の口から語られる。読み飛ばさないようにという作者の親切心だろう。グルーシェニカは、一七歳の時に或る将校に騙され捨てられ、恥辱と貧困にまみれて生き、妖艶な美人として年老いた資産家の愛人となり、有閑マダムとして浮名を巷間に漂わせる女性だった。グルーシェニカは、自分は意地の悪い女ながら、「葱一本をあげた」ことがあると自慢話をした後に、その基となった話をする。とある意地悪い女が死んで火の池に落とされた後、天国から降りてきた魂の救済のための葱を独り占めにした。彼女は葱に群がる他の人を蹴落とし、結果、葱はちぎれてその女性も再び池に堕ちる。自分自身に当てはまるような葱一本の話をグルーシェニカ自身が語る。意地悪い女の小さな善行の話がなされる。アリョーシャは、見えない葱一本、おそらく精神的な葱一本をグルーシェニカに授け、救済の可能性を授ける。

そしてアリョーシャは、腐臭が漂っているはずなのに、腐臭そのものが浄化され、彼を待ち受けていたかのようなゾシマ長老の死体が置かれた部屋に戻る。そこでアリョーシャは、パイーシイ神父がカナの婚礼の話を朗読するのを聞きながら、ゾシマ長老を想起する。ガリラヤのカナの婚礼に招かれ、そこに居合わせることは、一人一人が小さな葱一本ずつを分け与えられることとなのだ。葱一本が荒れ狂う海を越え渡るための橋になるのだ。偉大なものが人間を救済するのではなく、小さな、ちっぽけなものが人間を救済する。

葱一本こそ、カラマーゾフ的なもの、つまり欲望から生まれ泥まみれのまま快楽に耽溺しようとせずにはいられない人間本性の物象化としての欲望を救済するメディウム(媒体)なのだ。人間は穢れていても救済されるのではなく、穢れているからこそ、救済されるべき存在なのである。

土臭さを風味とし、大地から天に昇る象徴としてであるかのような「一本の葱」。ここには、具体性において語られる「土の形而上学」が現れている。

アリョーシャは「一本の葱」という象徴を神秘的梯子とするかのように、その後、絶望から歓喜に至る階段を駆け上がっていく。ここにドストエフスキーが『カラマーゾフの兄弟』で描こうとしていた中心テーマが表れている。

彼は表階段でも立ち止まらず、早足で下に降りた。歓びに満ちあふれる彼の魂は、自由を、場所を、広がりを求めていた。

彼の頭上には、静かに輝く星たちをいっぱいに満たした天蓋が、広々と、果てしなく広がっていた。天頂から地平線にかけて、いまだおぼろげな銀河がふたつに分かれていた。微動だにしない、すがすがしい、静かな夜が大地を覆っていた。寺院の白い塔や、金色の円屋根が、サファイア色の空に輝いていた。建物のまわりの花壇では、豪奢な秋の花々が、朝までの眠りについていた。地上の静けさが、天上の静けさとひとつに溶けあおうとし、地上の神秘が、星たちの神秘と触れあっていた……アリョーシャは立ったまま、星空を眺めていたが、ふいに、なぎ倒されたように大地に倒れこんだ。（ドストエフスキー『カラマーゾフの兄弟3』亀山郁夫訳、光文社古典新訳文庫、一〇七頁）

大自然との根源的な親近性が表れている。土とドロにまみれて生活し、それで生計を立て、しかし家に入るときにはしっかりと土とドロとを洗い流し、家の中には土を持ち込まず、そして次の日にはまた土にまみれるという生活は、一日が昼と夜の交替からなるように、土との合一と離脱との交替であり、土とは本質なのか偶有性なのかを問うことが意味を持たないほどに生活に浸透していた。

なんのために大地を抱きしめているのか、自分にもわからなかったし、どうしてこれほど抑えがたく、大地に、いや大地全体に口づけがしたくなったのかさえ理解できなかったが、それでも彼は大地に泣きながら口づけをし、むせび泣き、涙を注ぎながら、有頂天になって誓っていた。大地を愛すると、永遠に愛すると……。『おまえの喜びの涙を大地に注ぎ、おまえのその涙を愛しなさい……』彼の心のなかでその言葉が響きわたった。何を思って彼は泣いていたのか？（同書、一〇七〜一〇八頁）

ここでの自然は「大地」でなければならない。聖人が死後腐敗臭を放つかどうかを些末なものにしてしまう、自然の自然性が表れている。

アリョーシャは大地に倒れこみ、そして新しく生まれ変わったのだ。ここには、事物としての土だけが問題となっているのではない。ドストエフスキーは、若いころ社会評論において「土壌主義」を名乗った。ロシアの民衆こそ自分の土壌であるという一貫した思想を反映しているのだろう。

このロシア思想の泥臭さを自分の思想の中心軸に据えたのが井筒俊彦だった。井筒の思想は、渾沌や大地や深淵への一体化と、そこからの逃走という相矛盾する衝動、狂おしいばかりの超越衝動を凝視し続ける。眩暈のあまり吐き気をも催すほどの超絶性こそ、その真骨頂なのだ。井筒俊彦の本心は初期の著作『ロシア的人間』に明確に表れている。

カオスは征服はされても死滅したのではなかった。ただ人間的世界の地表から姿を隠してしまっただけである。「一切の矛盾と一切の醜悪の、ぱっくり口開けた不気味な深淵、裏返しの無限性」（ソロヴィヨフ）であるカオスは、今でも依然として地下深いところに生き続け、のたうっているのだ。そうしてこの怪物の気味悪い呻き声は、地の底から浮び上って来ては人間世界の到るところに暗い否定の影を投げかける。（井筒俊彦『井筒俊彦全

集　第三巻　ロシア的人間』慶應義塾大学出版会、二〇一四年、四三〇頁）

こういった深淵に対して、人間は身を投げ出したい衝動に駆られる。それが古来神秘主義の契機として見られる「下方への脱魂《エクスタシス》」というものだ。神秘主義的体験は、現実の上に向かう方向ばかりでなく、現実の下に向かう方向にも成立しうる事実を、宿命的な詩人や思想家たちが身をもって証拠立てていると井筒は書く。そういった系譜を、井筒はウラジーミル・ソロヴィヨフ（一八五三〜一九〇〇）、ドストエフスキーに発見する。『カラマーゾフの兄弟』においては、ゾシマ長老死後にアリョーシャが大地と接吻するシーンにその思想の顕現がある。

井筒は、こういった「大地回帰性」を否定的にとらえるのではない。ロシア思想家の中でも、井筒はそういった契機をチュッチェフにきわめて強く見出す。チュッチェフという今でもあまり知られていない思想家に対する井筒の思い入れは強く、井筒の原点と、いやそれどころか彼の思想の輻輳点と設定してもよいほどだ。「絶対に外には見せぬ宇宙の深部の秘密を、禁断を犯してそっと垣間見る、その不気味な一瞬の堪えがたい蠱惑！」（同書、四二三頁）と表現する。人間は生きていく上で概念に取り込みえない得体のしれないものを抱えて行くしかない。概念に収めればどうしようもない矛盾として意識に現れる。そのような根源的矛盾性を「ソドムの理想とマドンナの理想」（同書、四二三頁）の間に見出し、その根源的矛盾性による苦しみを、宗教的忘我陶酔にまで高めた系譜を井筒は追いかける。人間の根底にある倫理的な重苦しい暗闇を取り除き、天上の清らかな世界に向かって飛翔しようとしても、飛翔する力と重力の双方に引きずられたまま、魑魅魍魎として地上を這いずり回るしかないのだ。

こういった大地回帰性を、宮崎駿の『風の谷のナウシカ』や『天空の城ラピュタ』に確認することは難しくない。『ナウシカ』に登場する腐海のイメージ、『ラピュタ』における「土から離れては生きられないのよ」というシータのセリフにその流れが垣間見える。東京に土の香りがしないのは、東京もまた土から離れてしまった「天空の城」だからだというメッセージを私は読み込まずにはいられないのだ。

私がここで追いかけたいのは、『新世紀エヴァンゲリオン』において、その大地回帰性がどのように展開されているかということだ。もちろん、庵野秀明を、井筒俊彦的なものの後継者と考えてよいのかという大問題はある。作者がそんなことを考えているのかどうか、実は私にはどうでもよい。作品とは意識の審級の中の工作物ではなく、無意識性への捧げものであるべきだと考えるから。

庵野秀明は『エヴァ』を様々な形態で作り上げ、結末においてもがき苦しむ。もがき苦しんでいるのか。ともかくもその映画の或るバージョンにおいて、その結末を「気持ち悪い」というセリフであえて終わらせるのは、作品破壊衝動の爆発に見えるのだ。旧劇場版での『エヴァ』の結末が、アスカの「気持ち悪い」で終わることについては謎を呼び、様々な解釈を引き起こし、声優のコメントが採用されたとオチがついている。監督庵野秀明の偶然的な満足がそのセリフの採用を引き起こしたとはいえ、私はそういった憶測を回収する事実が知りたいわけではない。製作者たちの意図を越えて、「気持ち悪い」で終わらざるを得ない必然性があるのか、あったとすればそれは何か。意識が把握できなくてもそれを前意識的に「よい」とするもの、つまり感覚や身体に根ざした「原‐理性」を聞き取る能力が現れたと考えるならば、「気持ち悪い」で終わったことへの違和感の中に、倫理が抱えたドグマ(根源的教養)を示す経路があるのではないか。理性的な概念の道筋は倫理においては狭く弱いものなのだ。根源的矛盾とは、理性や知性という倫理的識別能力においては狭すぎる能力に与えられた課題の一つの姿なのだ。だから、私は「気持ち悪い」の一言に倫理学のドグマへの暴力的侵入を感じ取る、いや感じ取るしかないのだ。

そういった『エヴァ』への無理やりな試み、いや本当は必然的な試みのなかに、根源的矛盾、エヴァに乗ることを承諾すれば誰かを殺すことになり、しかし、乗らなくても仲間を見殺しにすることになる、という矛盾による苦しみを宗教的忘我陶酔にまで高めようとした心的作用を見出してしまいたいのだ。倫理学は、カントの倫理学も、ドストエフスキーも、『エヴァ』も統一的に論じることができなければならない。そうでなければ、倫理は始まりはしない。

深淵・奈落への飛翔、いや深淵・奈落における飛翔かもしれない。そう捉えれば、宮崎駿のナウシカがなぜ空を飛び続けるのか理解することもできないわけではない。「セカイ系倫理学」を語るということは、天空への志向性によって貫かれたものではない。『エヴァ』の地母神のイメージも、『となりのトトロ』にも見られた宮崎駿における土壌性の要素も、セカイ系との対立の契機ではなく、補完しあうものなのだ。私が知りたい天と地との絆だ。

セカイ系倫理学とは、個人と普遍性との間にある媒介を飛び越えて、個人と普遍性が直接結びつくことを目指す過程のようにも見える。「きみとぼく」の問題が具体的な中間項を媒介することなく、世界の危機といった抽象的な大問題に直結する物語として整理される「セカイ系」が、表面に露見する空間性を強調するように見えて、大地性や媒介性への渇望を含んでいるように思えるのだ。ＩＣＴだらけの現代人の心的方向は決して上だけを向いているのではない。上だけを向いている限り、人間は故郷喪失状態に陥ってしまう。

土とは豊穣性の起源であると同時に、事物が腐敗し、腐敗そのものは人間にとって中立的であるとしても、そのかなりの部分が有害であると見なされる。

土とは穢れたものだ。しかしもっと正確に考えれば、生と死の間の媒介領域に存在するメディウムでもある。生あるものが腐敗し死の世界に赴く場合の舞台であり、人間の死体が放つ禍々《まがまが》しさを隠し、分解し、豊穣性に変える装置でもあった。排泄物もまた土壌においては、肥料に変じる。土という身の回りにあるものは、農業においては土にまみれて生業を立てるしかないものでそして同時にそれを生活空間にはもたらすべからざるものでもあった。接触と隔離が完全に管理されるべきものであったのである。それが、穢れを取り除く（祓浄《はらいきよめ》）ということであり、その行為が禊＝身滌《みそぎ》だったと考えられる。

西洋において「土」は無価値なるものであった。「土」というエレメントに両義性は与えられていない。しかし、アジアにおいても日本においても、そしてロシアにおいても、「土」は両義性を与えられ、穢れていると同時に、豊穣性の起源でもある。

土とは忌むべきものだ。「イミ」ということが、神聖清浄なるものに至る手続きや儀式を含んでいる。『古事記』において、大山津見《おおやまつみ》の神と野椎《のづち》の神から生まれた神々は汚物や排泄物に由来している。神聖清浄と不浄なるものは乖離した二元論的なものではない。両者の閾《しきい》を秩序なく侵犯するものは罪をおかすことになるが、閾として成立している中間的領域こそ、「ユユシ」と言われる世界であり、それを司る儀式が「祭り」であった。

この忌々しい土のエレメントを、私は『エヴァ』の碇シンジの性的欲望に供物として捧げたいのだ。欲望はカラマーゾフ的なものに結び付く。本当に重要なものは、「大っ嫌い」でありながら「大好き」という両義的なもの、物狂おしい、どうしようもない切なさが感じられるものではないのか。「土」というエレメントは概念化や実体化をはみ出すものだ。心をはみ出す狂おしさとエレメントの間には通底するものがあるのだ。

閾《しきい》の上にとどまりながら

子供のころから霊場とか殉教の地ということが気になって仕方がなかった。大人になり、実際にそういう場を訪れるようになると、なぜか地面のことが気になる。亡くなった人々の死骸が埋められた場所ということばかりでなく、非合理的で信じにくいものが感覚的に伝わる気配を受け取っていたのかもしれない。

胸苦しい思いを抱えながら刑場の露と消えていった者も、宣教のために遠い異国の地で殉教していった人々も、彼らの苦しみは無駄にこの世界に存在したのではない。線香を一つ一つの墓や供養塔にあげながら私はそう思う。

この世界の中に無駄なものなどない。世界が豊かさに充ちた領域だと考えようとすれば、いかなる人間の苦しみも、罰や報いではなく、贈り物と見なすこともできる。いや、そんなことはできはしない。しかし、そう考えなければ、宣教師たちの十字架上での殉教に際しての嬉々たる表情を理解することはできない。至高の不可能性と感情の必然性が鬩《せめ》ぎあう。

中世の哲学者ヨハネス・ドゥンス・スコトゥスの生まれた場所を見たいと思い、十数年前スコットランドのドゥンス村に赴いた。

ドゥンス・スコトゥスは、「存在の一義性」や「このもの性」といった独自の思想を展開した。そういう事柄の理解に私は難渋していたので、テキストの内部にではなく、もしかしたら、彼の故郷に何か鍵があるのかもしれない、それはどんなに詳しい研究書にも書かれていないがゆえに、自分の目で確認するしかない、と思ったのだ。

もちろんのこと何も見つからなかった。見つかってはならない。その確認はとても重要だ。西田幾多郎の生まれた宇ノ気村もそうだったが、哲学的思索は生地に痕跡を残しはしない。存在や真理の確認にばかり心は向きやすいが、「不在の確認」はとても重要な準備作業だ。ドゥンス村において確認したのは、哲学の不在と農業の不在だった。畑を作るにも穀物も実らないような痩せた土地においては、ゆっくりと大地の実りを待ち受ける生活にはなりえない。哲学はテキストの内部にも外部にもない、そんなことを身に染みこむように教えられた。

和辻哲郎は『風土』において、精神性と風土の関連を示唆した。時代や地域を限定すると、問題意識において類似性が生じてきても奇妙ではない。しかし、一人一人の個性的思考の起源は風土にあるとは限らない。

ドストエフスキーにおける「大地回帰性」ということを前節に書いた。「大地回帰性」ということだけを私は言いたいのではない。今どき、そんなことを素朴に語れば、ナチュラル志向への迎合か、大地にあこがれるロマン主義か、「原っぱ主義」と笑われてしまう。しかし、いや、にもかかわらず、ここで激しく語る必要があるのは、その契機を忘却することには激しい逆襲が待ち構えているからだ。戻るべきなのにもはや戻れないことに対する心の奥底の反逆ということもある。

大地こそ、食糧生産の基盤であり、地震の発生の場であり、様々な微生物の宝庫であり、その威力を忘れてしまえば、脅威を免れることはできない。大地の大いなる復讐を心にとめる必要がある。

藤原辰史『ナチス・ドイツの有機農業』（柏書房、二〇〇五年）を読んでいると、大地性ということが何を包含しているのかが分かる。そして、心が沸騰してくる。自然との共生や有機農業という「優しい」概念が民族の絶滅を推し進めたことを明らかにした本だ。大地は恵みの場所であると同時に、呪いの場所なのだ。大地は生を与えるものであると同時に、死を与える。その象徴としてあるのが黒い聖母として継承されることも多い地母神だ。

地母神は禍々しいばかりではない。地母神は黒い。黒くなければならない。黒は死の象徴であり、しかも黒は大地を表す色でもある。大地は、暗黒の地中から、植物をはじめあらゆる生命を生み出す力をも持っている。死と母性と暗黒と生命力は共存している。

大地性を称揚することは、人心を扇動するのに効果的なコンテンツになる。大地は民族意識と結びつく。固有の大地の上にこそ民族意識が熱狂的に育ちうる。ナチズムはそれを悪用する。化学肥料や農薬を用いた農業は土を汚し、その結果、民族の血を汚し、ひ弱な民族と国家を生み出すことにつながるというメッセージを含みながら、人々の心に巧みに浸透していった。ナチズムが、有機農業やエコロジーを称揚し、農民たちの支持を集め、「血と土」というスローガンのもとで、血の沸騰と興奮という大衆政治の究極的装置を利用したことは忘れてはならないことのように思われる。

土にしても有機農業にしても、人々が憧れ求めるものに同時に悪魔的なものが宿っているとしてもそれは不思議ではない。誰もが忌み嫌うのが悪魔的なものであれば、人間の心の中に生き続けることはあり得ない。悪魔の生命力は人間の心に由来している。

藤原辰史の本で言及されていたナチスの農業大臣リヒャルト・ヴァルター・ダレエ（一八九五〜一九五三）の『血と土』（黒田禮二訳、春陽堂書店、一九四一年）を繙く。「真の貴族は土塊の中から、郷土を、民族を、更に国家を体験する」（一六五〜一六六頁）とある。原著は一九三〇年刊行、正確な訳は『血と土からの新貴族』だ。

ダレエが現在登場し、農業のあり方について熱弁をふるえば、人々は大きな共感を寄せるかもしれない。新興宗教として成立するかもしれない。歴史の上ではホロコーストという見間違えることもない悪行によって、人々はその危うさに気づいた。土への希求の中にもし危険性が宿っているとしたら、それは主張が無邪気すぎるからかもしれない。感情に働きかけ精神を鼓舞するロマン主義は、根源的なものを重視する。理性よりは想像力を、概念よりはイメージを、言葉よりは音楽を、論理よりは情熱を、真理よりは官能を重視する。

私の考えはここで「セカイ系」に飛躍する。大地から宇宙空間への飛躍ということではない。セカイ系が物語に託していたものに、大地性を感じ取ってしまうからだ。

セカイ系のアニメにおいて、か弱そうな少女が世界の危機的状況に立ち向かう姿は、地母神的両義性を表してはいないのか。彼女らは大人になっても「家庭の天使（Angel in the House）」にとどまるような存在ではない。子育てと家庭の維持に追われ、気づくと子供たちも巣立ち、「空っぽの巣」を前にして、ため息をつく年老いた天使となることへの逡巡と後悔を彼女らは持っているはずだ。「セカイ系」には、少女や少年ということに中立的な両性具有的な存在が顕現しているのだ。

ここでもまた百も分かってはいることなのだが、セカイ系を無邪気に持ち上げてはならない。セカイ系には現実世界の全面的拒絶と破壊に結びつきかねない危険性があることを踏まえておかなければ、セカイ系の天使たちにイカロスの翼を背負わせることになる。

セカイ系の問題を考える場合に忘れてならないのは、丸山眞男だ。彼は『日本の思想』で、日本人が陥りやすい「実感信仰」を問題視した。本当にリアルに存在するものは、この生身の体と心で感じられる「実感」（「大和魂」「誠」などとも言われる）だという発想だ。「義理と人情が廃れれば人間も終わりだ」という発想と整理してもよい。もちろん、私は丸山に沿って、西欧的近代化に乗り遅れている日本の現状批判としての保守的伝統性を批判する路線に同調したいわけではない。

丸山は「実感信仰」が起こった要因に、文学者たちの隠遁者的性質をあげる。セカイ系は脱世間ということで、日本中世の隠遁者たちと似たような構図で考えることもできる。つまり、あの隠遁者たちは反官僚主義、反俗物主義、仏教的厭世主義にありながら、にもかかわらず経済的に上流階級に属していた者であり、宙ぶらりんのままであることの焦燥が暴力性を有し、それを行動に表したこともあったように思う。セカイ系と脱世間とは、何らかの危険性を備えているかもしれない。

セカイ系もまた伝統的心性を保存しており、近代化において遅れているという議論を作ることはできるけれど、それをしたいわけではない。むしろ、セカイ系は現代における新しい近代化論争の一形態だと思う。というのも、セカイ系は古い心性の名残ではなく、新しい心性、時代を越えた心性を表現しているとも言えるし、そのような言説が望まれていると思うからだ。アニメの美少女に形而上学的イデア性を見出せないとしたらそれはそれで問題がある。

丸山眞男は近代的知識人たちが陥っていた日本的乖離の姿を暴き出す。自然科学と技術の成果に依存し、他方に感覚的に触れられる狭い日常的感覚だけが確実な世界として取り残される。そして、その二つの世界を無媒介的に跳躍しつづける天使たちが現れる。

文学的実感は、この後者の狭い日常的感覚の世界においてか、さもなければ絶対的な自我が時空を超えて、瞬間的にきらめく真実の光を「自由」な直観で摑むときにだけに満足される。その中間に介在する「社会」という世界は本来あいまいで、どうにでも解釈がつき、しかも所詮はうつろい行く現象にすぎない。（丸山眞男『日本の思想』岩波新書、一九六一年、二〇一四年改版、六〇～六一頁）

中間に介在する社会とは、阿部謹也が述べた「世間」に対応する。文学的実感は、個人的な実感と、抽象的普遍的な世界状況を直接的に媒介する。これはセカイ系と同じ構造にある。

しかし、丸山眞男と同じく、無媒介性ゆえに、セカイ系と「実感信仰者」を否定することは大きな問題がある。ライプニッツもスピノザもほとんどのスコラ学者も、個別性と普遍性を社会制度という媒介を介することなく、結びつけようとした。そのために彼らは様々な概念を習得し、世界をア・プリオリに制御する可能性を探求した。政治家になって社会を動かすというのは、きわめて特殊な人々の営為なのであり、そのようなものでしかない。私は無媒介性を批判し、呪う者たちとは同じ道を歩みたくない。

「セカイ系」とは何なのか。セカイ系とは親密性・インティマシー（intimacy）をめぐる作法の一つだと思う。親密性は、きわめて密接な人間関係であり、公共性から逸脱した関係であり、性的関係を含意することが多い。しかし、本来、intimacyとは、ラテン語のinter（内部の）という接頭辞が形容詞のように比較級interiorと活用し、その最上級であるintimusの「最も奥の、最も秘密の、最も深遠な、最も親密な」という意味合いを帯び、名詞化したものだ。ここでは、私秘性（privacy）と重なり合い、性的意味合いを持たないものとして親密性（intimacy）をあえて用いる。

親密性を中立的に「内奥性」と捉えてもよいだろう。超越的無限者が自分自身に近いものとしてあるということはイスラーム教においては強調され、「神は喉ぼとけよりも自分に近くある」と表現されたりする。ジョルジオ・アガンベンは閾・玄関・入り口（soglia）を重視する。内部と外部をめぐる作法ということで親密性と問題圏をともにしている。

親密性とは他者や外部の内奥への浸透なのだ。それが、中世キリスト教では相互浸透として表現されてきた。外部が最奥部に宿ることが表現されたのである。

密接距離（intimate distance）は、〇センチから四五センチとされ、抱きしめられる距離、手で触れられる距離のことだ。一方で、暴力が生じた場合には、防御不可能な距離でもある。内部と外部の浸透への入り口でもある。

密接距離とは、閾・玄関・入り口が踏み越えられ、他者が侵入してくる領域なのである。防御することもできず、したがって、内部と外部との境界が破壊され、生命や生体に関して言えば、死への入り口にもなる。古来、アニミズムにおいては神の宿る場所とされたのは不思議なことではない。

安息の場所であるはずの家庭が暴力の場所となるとき、ドメスティック・バイオレンスの問題が現れる。親密性とDVが一枚の葉の両面であることは忘れ去られやすい。

「土」は、生と死の両契機を担うエレメントだ。個体を成立させる外部と内部の疎隔を破壊する。「死」とは内部と外部の区別の崩壊なのだ。聖霊が果たしていた機能は、子が父のうちにあり、父は子のうちにある（「ヨハネ福音書」14：11）、という聖書の言葉に典型的に見られるように、内部と外部の間の閾が、個体性を失わないまま乗り越えられることを意味している。これは個体性を融解し、全体性の中に解消してしまう「普遍性」のあり方ではなく、「全一性」という、多様性を解消しない統一性のことである。

諸事物が個体性を失わないまま、或る一者において統一されていること。「全一性」はロシアの思想家ウラジーミル・ソロヴィヨフにおいて展開された。この思想の源泉は一つではないであろうが、少なくとも、東方正教会と関連の深い古代の教父ヨハネス・ダマスケヌスにおける「実体の無限なる海」という神の本質に見出すことができる。その海においては、それぞれの被造物に宿る諸完全性が制限されることもなく個体性を解消しないまま一つに融合しながら存立している。

土の中においても、無数の種類の微生物がそれぞれの種的同一性を失うことなく存在している。古代から中世にかけての神学者たちが、土の中の生物相を知っていたわけではないとしても、それぞれの個体性や特殊性を失うことなく統一性を実現している事態、ソロヴィヨフが「全一性」と呼び、ヨハネス・ダマスケヌスが「実体の無限なる海」と表現したことは、「土」というエレメントに表現されている。

前述のとおり、血と土ということが、ナチズムにおいて表象不可能なる残虐性を引き起こしたことは十分に注意しなければならないとしても、にもかかわらずその契機は、古代から中世、ロシアにも伝わり、井筒俊彦にも流れ込んでいること、そしてそれを様々な形で継承する人が数多く存在することは心にとめておいてもよいことだろう。

ナチスは、食べることにも事欠くドイツの農民たちの血と土に発する呪詛を聞き届けていた。そういった呪詛を実現するために、国家改造へと思想が直接的に飛翔するとき、魑魅魍魎が現れる。

この「多即一」という事態は、宗教における根源現象として、姿や用語を変えて、繰り返し表現されてきた。いかに言葉や概念を費やしても捉えきることができないこの中心的事態は、すべての宗教を通じて、変容を遂げながら永遠にとどまり続けるものである。

生と死の間の「閾」を越えていった者たちに私たちは祈りを捧げるしかない。新型コロナで死んでいった者たち、苦しみながら死んでいった者たちにもはや我々は何もできない。いや生きている間でも何ができたのか、心は喘ぎ苦しむ。ポックリと苦しまないで死んでいった方が幸せなのか。だが、幸せとは苦しまないで死んでいくことなのか。

我々は、コロナ禍の中で、死との接し方を学ぶべきではないのか。人生は苦しまない死を迎えるために存在しているのではない。それは決して、医学が苦しみや痛みを避けるために全力を尽くしているのを無視しているのではない。その救いの網から逸れる者は苦しみながら死ぬかもしれない。しかしそれは罰でもなければ、不幸の徴でもない。苦しみのない生はない。

空の清涼さだけに無邪気に憧れる者であってはならない。泥んこになって土まみれになるのが自然だ、ナチュラルだ、という素朴エコロジストは困った存在なのだ。草むらはダニやドクガやハチやヘビの住む領域だ。自然とは安全な世界ではない。そして工業的なものへの嫌悪が、ナチズムの原動力であったのだ。それは忘れるべきではない。そういった大きな危険性を見ながら、自然と共生することを考えるしかない。新型コロナもまた自然の中の存在者だ。

閾の上にとどまりながら閾を越えていく者を見送る者、それが人間なのか、倫理なのか、ロゴスなのか、私には分からない。しかし少なくとも、今生きる者は、閾の上にとどまり続ける必要がある。

宇宙に響く音楽

学生時代、或る夏クーラーも風も吹きこまない練馬のアパートで、ガムラン音楽を聴いていたことがある。宇宙的な、コスミックな感覚が四畳半に広がった。ガラムというインドネシアの丁子の香りがついた強いタバコをくゆらせて、宇宙的な感覚を味わっていた。空の夕焼けにつづいて現れる群青色の空の色も宇宙的だが、真夏のけだるい暑さもあって時間感覚が失われ、不思議に宇宙感覚が現前していた。三〇年後、新海誠の映画『ほしのこえ』を見たとき、「コスミックな感覚」というのを思い出し、ガムランの音楽が耳元に響いたように感じた。

二〇代の頃、哲学者の坂部恵の授業を一〇年程聴講し続けたのだが、坂部氏はドイツの哲学者ライプニッツにことあるごとに言及し、そして同時によくこの「コスミックな感覚」ということに触れた。学会や大学という狭苦しい「世間」を免れられる領域に憧れるかのような口吻は懐かしい。私自身、ライプニッツ哲学を研究していたが、論理と存在の問題に頭が向いていたので、ライプニッツの宇宙感覚について同意を求めるような雰囲気をありがたくも、少し困りながら立ち臨んでいた。

これまでこの本の中で、「セカイ系」ということに触れてきた。セカイ系には、「社会的中間項」がないのが特徴だ。物語の主人公と彼が好意を寄せるヒロイン（きみ）との二者関係が、具体的な社会的な次元を介することなく、世界の危機といった世界的な大問題に直結するのが、セカイ系だった。

しかしこの個人的なものと普遍的なものとの直結は、ライプニッツのモナド論においても展開されていた。丸山眞男が『日本の思想』において、普遍性と感覚的直観の無媒介的連接として批判した思想は、哲学においてはよく語られてきたものだ。哲学とセカイ系には親和性がある。セカイ系ということに、おとぎ話として通り過ぎてはならない中世の天使論や聖霊論の現代的再生を感じてしまうのだ。

ライプニッツの宇宙性、これを感じないで彼の哲学を読んでも確かにつまらない。ライプニッツは「窓のないモナド」を唱えたとされる。孤独なモナドたちの集まりとして宇宙を捉えたと整理されたりする。或るモナドと別のモナド、精神というモナドと身体という複合的モナドの集合との間に、因果関係はない。ライプニッツのモナドは、閉じられた心の領域だ。事物が出入りする窓がない、というテーゼは、いかなる窓もないという「無窓性」として捉えられがちでもあった。しかし、ライプニッツは、モナド（精神）には、物質的なものが出入りできる窓はないと述べたのであって、彼はそのモナド論において、モナド相互間の交流を描いた。それが予定調和説と言われるものだ。或るモナドと別のモナドに起こることは対応しあっている。医療従事者がワクチンの注射を打ち、それを受ける者は腕に痛みを感じる。モナドとモナドは物理的に影響しあわないとしても対応しあっている。ライプニッツはそれを調和することがあらかじめ予定されていたからだと説明する。それが予定調和だ。夢見がちのモナドを持ち込むことになりそうだ。一見おとぎ話のように見えて、生物においては遺伝子にあらかじめ書き込まれた情報、あるいはプログラムで稼働するロボットやAIなど、予定調和はそういう現代の姿を予想していたのかもしれない。ライプニッツ自身は、個々のモナドと、モナドの無数の集合である宇宙との対応関係（表出）を語ったから、窓のないモナドということを強調したかったわけではない。あくまで、物理的ではない、物理的なものには還元されない精神の機能としての表象と欲求ということが語りたくて、事物の出入りする窓がないと述べた。このことは忘れられることが多い。

個々のモナドは無数の窓だらけのモナドの集合である宇宙を表出し、その意味では無限性と開放性を内包しているのだ。そこでは、世間や社会ということは語られない。スピノザも、デカルトも、カントも、トマス・アクィナスも世間や社会を語りはしない。哲学とは、社会から切り離されている。そうすると、哲学には恋愛の要素は絡んでは来ないが、セカイ系の要素を備えている。もしかすると、哲学は「恋人抜きのセカイ系」ということになりそうだ。

私はセカイ系を批判したいのではない。むしろそこに含まれる新しい思想の萌芽を育ててみたい。世間や社会という媒介は関わってこざるを得ない。しかし、認識論において、因果的な媒介性を綿密にたどって認識や知識を説明しようとする「因果的説明」は必ずしも評判がよいわけではない。

中世スコラ哲学でも、因果的な連鎖をたどって説明することは有力な説明方法だったのだが、連鎖を作り出すには、かならず媒体(メディウム)が必要になってくる。その媒体は、物質と精神、個体と普遍といったように相対立する領域間の乖離を媒介する機能を持ち、どうしても相対立する両方の側面との連続性を有するものとなってくる。そういった媒体は無理を背負いがちだ。

そういった連鎖を連続的に再構成するのではなく、両端が対応していることを前提にする理論が出てきた。「直観的認識」の枠組みである。現在の我々も高度情報機器に囲まれながら、ディスプレイに映る相手の表情を見るとき、中間にある因果連鎖などに思いを寄せることはない。中間の媒体を無視しているのではなく、考慮の外に置いているのだ。スーパーマーケットでおいしいトマトを選ぶことに、野菜の流通形態と物流への知識が貢献することはない。

媒体（メディウム）の連鎖を飛び越えてしまうことは混乱を引き起こす場合もある。しかし、その連鎖があまりにも長くなってしまい、それを通り抜けるのにコストと高度な技術が必要になると、渋滞が生じ、そしてその抜け道を使おうとする人々が増えてくる。

先にも引用したが、セカイ系の基本的言説として「世界っていう言葉がある。私は中学の頃まで、世界っていうのはケータイの電波が届く場所なんだって漠然と思っていた」（新海誠『ほしのこえ』）を私は挙げたい。

ケータイの電波が届く場所である限り、世界はそれほど広くはない。しかし、携帯電話を通じて、宇宙空間に浮遊している人と声を交わせるようになるとき、世界は無限の広がりを持つようになる。それはもう「世界」という枠に限定されることのない「宇宙」にまで拡大しているのだ、と考えることもできる。しかし、人間の精神は、科学技術が無限に拡大させ続けている情報空間と同じ広がりをもつ精神空間を準備できるわけではない。宇宙は無限に広い一方で、人間の精神は頭蓋骨よりも外部に広がりうるとはいえ、たかがしれている。

セカイ系と語られる場合の「セカイ」はカタカナで記されることによって、人間化された空間の意味合いを残している。人間化された空間とは、物理的な空間ではなく、距離の取り方が好き嫌いを表現するような、そこにはマナーやルールや規範性が入り込んでいる。

セカイが、地域社会や会社の人間関係、入り組んでいてストレスの葛藤を引き起こす親戚関係といった、シガラミだらけのものとなるとき、それは「世間」と呼ばれる。清々しかったセカイが、ドロドロした世間に変容していくのだ。

世間とは、阿部謹也が述べたように、1身内や親類を越えた範囲に広がっているが狭い範囲の人間関係であり、2贈答儀礼や長幼の序、共通の行事、3外からの新しい人間の加入を好まない、4個人の好みを反映しない、5普遍性公共性の秩序ではなく、独特なローカルなルールが支配的であること、6呪術やアニミズム、祖先、禁足の地などタブーを多く含む、7伝統的に継承され所与のものであって変革を許されないもの、といった特徴を有している（阿部謹也は著書の中で「世間」の特徴を様々に整理してきた。彼の主張を網羅的に整理すればこんな風になるだろう）。

「世間」という共同体に加入するためには、比較的長い時間と手間を必要とする加入儀礼が伴い、その場合、精神的身体的な修業が求められ、それが「イジメ」というシステムとして残存している。

世間とは、盤根錯節たる木の根っこのように、人間を取り込み、適応できた者には快く、適応できないものにとって苦界となる人間世界である。阿部謹也は、この世間のなかに、日本において西欧的な個人主義が浸透せず、封建的な気質が残り続ける弊害の源泉を見出し、世間からの離脱を目指した。

世間への加入儀礼（イニシエーション）は、会社、寮生活、運動系サークルなどへの加入に際して今でも残り、廃れることのない気配である。「ムラ社会」と言われたりして批判されてきたものたちのことである。そこにシラバス、ディベートなどアメリカ型の文化様式を導入しようとする人々もいたがあまり定着しなかった。現行の社会的秩序が機能している状況に、別の合意形成の手順を導入しても、木に竹を接ぐことと同じで、対立しあう。

明治維新の時期のように徹底した混乱期においては、旧来の秩序が機能しないので新しい制度が浸透していく。比較的安定した時代に新しいシステムが浸透していくのはとても難しい。

政治的社会的秩序は、いったん動き出した巨大な歯車が動きをなかなか止めないように、巨大な惰性・イナーシャ（inertia）を有している。巨大な共同体が有する惰性は、制度設計してうまく機能し始めると、設立した時期の途方もない苦労に比べて、日常的な維持業務を格段に楽にする。内部に入り込んだ人間にとっては快適である。

社会を支配する道理は、憲法や法律ですべて規定できるわけではなく、根底に「道」があると考えるのが東洋的社会哲学たる儒学だ。この「道」は、ギリシア哲学ではロゴスと呼ばれた。道とロゴスというユーラシア大陸の東と西に通底する原理の存在を見ぬくことは無意味ではない。

道という規範性が浸透する際に、情念が大きな機能を果たすのを重視したのが、荻生徂徠だった。彼の思想は儒学でしかも古文辞学と言われる。西洋のルネサンスの人文主義と同じで、古代の思想を理解しようと思えば、古代の言語を文献学的に忠実に理解しなければならないと考える。西洋の人文主義は、聖書をヘブライ語とギリシア語で読むことを目指した。荻生徂徠も儒教の古典である四書五経を古代の言語に戻って理解しようとした。そういった文献学的な態度が、人間の欲望や音楽の機能をきわめて重視していることは面白い。

先王は言語の以て人を教ふるに足らざるを知るや、故に礼楽を作りて以てこれを教ふ。政刑の以て民を安んずるに足らざるを知るや、故に礼楽を作りて以てこれを化す。（荻生徂徠「弁名（上）礼」、『日本思想大系36　荻生徂徠』岩波書店、一九七三年、七〇頁）

言葉で教えて伝わらないところは、礼儀（実践的な行動規範）や音楽を使って、人々の心を変えていく必要があるというのだ。

それ人は、言《ものい》へばすなはち喩《さと》る。言はざればすなはち喩らず。礼楽は言はざるに、何を以て言語の人を教ふるに勝《まさ》れるや。化するが故なり。習ひて以てこれに熟するときは、いまだ喩らずといへども、その心志身体、すでに潜《ひそ》かにこれと化す。つひに喩らざらんや。（同書、同箇所）

「喩る」とは、頭で理解することだが、礼儀や音楽は言葉を使わないで人間に影響を及ぼすことができると考える。その人間の変化を「化」と述べる。

性（性格・気質）は、ひとにより様々であって、学問を学ぶことで変わるものではない。変えることはできないが、「化」することはできるとされる。「化」とは、柳は柳、桜は桜であって、桜が柳に「変」わることはないが、それっぽく「化」することはできるということだ。枝垂桜の姿に柳の気配は漂う。

性情（性格や情緒）は思慮によって制御できるものではなく理屈や規範に従うわけではない。性情を制御するのは「楽」であると考え、その道理の根本を教えたのが、中国の儒学の大家たち（先王）だったと説くのが徂徠学の基本だ。

「楽なる者は、性情を理《おさ》むるの道なり」（「弁名（下）性情才」、『日本思想大系36』一四〇頁）と端的に徂徠は語る。中国の古典『礼記《らいき》』の一部をなす『楽記』は徂徠が重要視した古典、中国古代の音楽の理論書だが、そこには音楽の本質が書かれており、音楽が人間の心の動きに発するものであるとして、その基本原理が倫理として記されている。

『楽記』には、精神に直接働きかけ変化させる原理としての「楽」と、外側に現れた秩序を形成する原理としての「礼」が対比されて述べられている。たとえば、楽は同を為し、礼は異を為す、楽は同を統《す》べ、礼は異を弁《わか》つ、楽は和を極め、礼は順を極む、楽は天地の和なり、礼は天地の序なりなど、壮大なスケールで音楽論が展開されている。「礼」という秩序、世間の秩序原理としての「礼」が常に「楽」という快楽原理と対応しているのだ。

儒学というと、堅苦しい礼法儀礼の集成に見えるが、「楽」という原理を重視していたことは忘れてはならないし、徂徠もまたその点を強調した。外的な規範性は、その規範をいかに強力にしたところで、人心に浸透するわけではないことを儒学の師たちは見抜いていたのだ。

「礼」とは、礼儀作法というよりももっと広い概念で、人間社会の秩序と安定をもたらすための倫理的な規範と社会制度の総称だ。「礼」は冠婚葬祭における儀礼などの手順や作法の意味となり、外面的なものとなっていった。しかし本来は客観的な秩序形成の原則論だったはずだ。形だけが整っていても、「礼」はないが、礼を失するというのは、長幼の序などの序列を無視した場合に生じるとされている。

「世間」とはそういった形式的な社会的拘束となった規範体系なのだ。一般には格差が存在し、上位にあるものは上位にあり続け、下位にあるものは下位にあり続けるのが安定した秩序ある社会である。若者は、世間にこれから加入していく世代であり、劣位にある。したがって、礼とは若者にとって障害として機能することが多い。若者がカウンターカルチャーに夢中になるのは、当然のことだ。ロックとは若者の音楽だ。大人になって社会的地位を手に入れ、ロックを卒業すべき人がロックにはまっているのは、礼に反することなのだ。

「楽」を音楽と捉えてもよいが、演劇芸能を含めて考えてもよいだろう。メディアの発達していない時代に、演劇・講談・落語を演じることができるのは、よそから流れてくる芸能者だけであり、閉じた共同体において継承されるのは、一定の形式を持った歌舞音曲でしかなかった。音楽こそ、人心に働きかけるメディアだった。そして、現代においては、音楽も映画もテレビもアニメもユーチューブもそこに加わる。だからこそ、新海誠の『天気の子』や庵野秀明を荻生徂徠の礼楽論に結び付けずにはいられないのだ。

「楽は天地の和なり」とあった。ライプニッツの予定調和は、「調和（ハルモニア）」という音楽用語を援用している。音楽の響きは古来数学的な調和関係にその本質があると見抜かれていた。宇宙の天体の運動に数学的な法則性が見出された。音楽における数学的調和と、宇宙の天体の数学的調和の間に対応関係が設定されたのである。世界の基本的基調を音楽に見立てることは、洋の東西を問わずよく見出され、ルネサンス期には特に好まれた。ケプラー（一五七一〜一六三〇）などが主張した宇宙に広がる音楽と調和の伝統を踏まえている。坂部恵氏は、それに続けて「天籟《てんらい》ですね」とつぶやくようにしばしば付け加えることがあった。学生たちは分からないのでポカンとしている。天使が少し飛び交い、先生はそういう者たちに眼差しを遣った後で、再び哲学のテキストに戻る。坂部先生の授業は窓辺に天使たちが座している時間だった。

『荘子』に登場する三籟（天籟・地籟・人籟）に言及したのだと分かったのは、少し経ってからのことだった。宇宙全体に風が吹き交い、妙なる音を奏で、シンフォニーを形成しているという感覚は野暮なテキスト解釈者には思いもよらない。坂部恵氏はいつもそれを正していたのだ。

「籟」というのは、穴の開いた笛のことだ。天籟とは天の吹く笛、吐く息ということになるが、いろいろな解釈がある。天地自然の音響で自然に生じる風の音などをさすことも考えられるが、そうなると地籟との区別が分かりにくくなる。地籟とは地上に起こる様々な音、地上の音響である。人籟とは、人の吹き鳴らす鳴り物の音であり、笛の音や歌声のことだ。天籟を文字通りに音の一種と考えるとつまらなくなる。満天の星を見ると、音楽が聞こえるようだ。それも天籟だろうし、世界の万物の持っている個性・本性が音を発していると考えてもよい。

天籟、地籟、人籟を別々に考えることもできるが、それらに調和・ハルモニアを想定することもできる。「籟」という字にこだわるのは、「籟」が風の吹くことを前提とし、そしてその風は、中世哲学で重視された聖霊（プネウマ＝気息）と重なり合うからだ。世界も宇宙も風が吹きわたっている。

世間に鳴り響いている音は、人籟であって、型にはまって騒々しく、横断歩道で人工的に流される機械音の「とおりゃんせ」の音がぴったりだ。荻生徂徠が礼楽刑政を世の秩序が維持される要であると考え、とりわけ「楽」を人間精神に働きかけ、変化させる原理として重視していたことは、重要なのだ。

倫理が言《ことば》や文章を通して、人々の心を秩序の中で制御しようとするものであるとすれば、それに対しては心は抗う。天の音は、外側から聞こえてくるのではなく、事物のそれぞれに宿った個別性（シンギュラリティ）を通して響きだす。そして、この「楽」の契機を担うものが、個人的な所有物でありながら普遍や宇宙と結びつくケータイやスマホになり始めているという論点は重要であり、それを伝えるのがセカイ系という表象化された観念形態なのだ。

内面的なもの、好きな人との個人的な関係が、世界の危機といった抽象的大局的なものに直結するのは、天籟を聞く人々によって書かれた物語だからだ。哲学とは、窓辺の天使たちと語らい、沈黙や静寂の中に天籟を聞く営みなのである。

第3章

見えない未来を迎え入れるために

異常気象と嵐の中で

新海誠の映画『天気の子』は今でも私の頭の中に嵐を引き起こし続けている。この映画は、セカイ系に分類され、「父の不在」、大文字の社会領域＝象徴秩序の欠如・不在に基づいた物語だという評価があった。ずっと違和感が心の中で吹き続けている。

『天気の子』において、異常気象＝世界の破局というテーマは何を意味しているのだろう。「セカイ系」という概念はカタカナにおいてであれ「世界」を冠する以上、普遍的状況へのコミットを表しているように思える。

政治哲学の大家チャールズ・テイラーの大著『世俗の時代』が二〇二〇年になって翻訳された。上下二巻で一〇〇〇頁強の本書は、読むのに難渋するが、その思考は力強く深い。この本は、西洋文明を支えてきたキリスト教が近代以降影響力を弱め、現代において影響力を持たなくなりかけていることの問題意識から発している。私の頭の中では、「セカイ系倫理学」と結びついてくる。

テイラーは、世界的に宗教の力が衰弱している現状を憂えている。キリスト教文化＝西洋文化が人類を牽引する力を相対的に弱めているのに対し、イスラーム教が原理主義的な宗教の力を根強く残している。東アジアの宗教的文化性についても新たな宗教学的構図が必要になっている。宗教＝非科学的・非合理的という図式では世界を読み取ることはできない状況になった。宗教力の配置のアンバランスは異常気象やパンデミックといった嵐と並んで世界を歪め狂わせている。

西洋社会は世俗化し、公共空間において神が不在になり、宗教的信条と実践が衰退し、さらに信仰を可能にする条件においても世俗化が進んでいるという。信じることを成立させる条件が現在では、選びとることもそうしないことも可能であるという意味で、選択肢の一つでしかなくなっているというのだ。テイラーは敬虔なカトリックであるから、その問題意識は深い。

宗教の問題とセカイ系は神を語るかどうかで大きく異なる次元に位置しているように見えるのだが、個々の人間と世界の関わり方について考える点では同時代性を分有していると感じる。

この点については少し後で再び考える。テイラーの人間類型論は単純だが、興味深い。中世までの人間は多孔的（porous）であり、脱魔術化とともに消えたものの傷つきやすく（vulnerable）、治癒可能（healable）、恩恵や災厄を受けやすい、という。近代に入ると、人間はカプセル化した自己（buffered self）、境界に包囲された自己（bounded self）になったのだ。単純化されていてもそこには彼の人生経験が染み込んでいる。

この『世俗の時代』はテイラーが七六歳のときに出した本だ。彼がスマホを縦横無尽に使いこなす若者たちを踏まえて書いたのか分からないが、彼は現代を自閉性の時代と見て、アガペー（愛）への回帰を説いている。アガペーは聖霊によって伝わっていくというのが中世神学の基本定理である。中世スコラ神学に埋もれながら、新海誠の映画に中世神学の香りを感じて喜ぶ人間には、テイラーの主張には戸惑いを感じないわけではないが、ここにもまたセカイ系倫理学への入り口があったと驚きを禁じ得ない。戸惑いもまた理解しようとしない心の頑なさでしかないのかもしれない。

聖霊の概念は神学的に複雑で難解だが、世界史の流れを考える場合にいろいろな示唆を与えてくれる。私は強くそう思う。歴史を少しさかのぼる。ギリシア哲学が魂（プシュケー）の思想であるのに対し、キリスト教は聖霊（プネウマ）の思想であると言われる。プシュケーとプネウマというのは対極的である。プシュケーは一人一人（生き物）に別々のものとして宿り、個々のものに命を付与するものであり、アリストテレスは人間において、植物的な魂、動物的な魂、理性的な魂という階層性をもった魂の構造を想定した。そして、ギリシア哲学では、この個別的な魂の不死性が問題となった。

これに対して、プネウマは集合的なものであり、一人一人に別々に宿るものではなく、共同体に全体的に宿るものであり、個体性を持たない。キリスト教においても、プシュケー（ラテン語でanima）は行為や責任の帰属する基体であり、倫理学の場面では重要な役割を持つが、聖霊の方に圧倒的に多くの役割が与えられている。聖霊は、愛（charitas）であり、絆（connexio）であるという整理もよくなされるが、父と子、神と人間、イエスと人間、人間と人間（教会）を結び付ける原理であり、きわめて多様な機能を与えられている。

プネウマ（ヘブライ語ではルーアッハ）は、息吹、呼吸、空気、風、魂を意味する。旧約聖書では1風、大気の息吹、2人間の活力、生命原理（呼吸）、認識と感情の座、3神の生命の力とされ、物理的な並びに霊的な面で働きかけ行動を起こさせる原理であるとされる。聖霊はイエスを解体させ、福音に生気を与えるものである。聖書に書かれた聖霊降臨は、炎のような舌が分かれ分かれに現れるという独自のイメージで語られているが、これこそ世界中の教会の正当性の源泉となる。

三位一体論の教義の中で聖霊の働きには、派遣（missio）、発出（processio）、霊発（spiratio）というものがある。霊発は内から外に出ていくことで、息を吐くこと、汗であれば発汗することだ。発出とは、同じ言葉が行列、行進の意味で使われることに示されるように、行き及ぶこと、たどり着くことだ。派遣とは、ミッションであり、いろいろなところに広がり、働きをなすことである。スコラ神学の諸概念は翻訳されてしまうと見えにくくなるが、生々しすぎる具体性を備えている。さもなければ血だらけの十字架を思索することはできない。

三位一体とは何か。こんな問いはあまり考えない方がよい。答えられないから。しかし、非科学的だから、理解できないから考えないで済ませるというのも危険な思考態度だと思う。聖霊とは何か、聖霊というペルソナとは何か、ということを少しは分かっていないと、暗黒の中でお経を読むのと同じことになる。ペルソナ、本来は仮面の意味だが、人間の場合は、人柄・人格となる。その人そのもののことだ。ところが、神に適用されると、神は一つの本質、三つのペルソナとなり、この三つのペルソナが「父・子・聖霊」である。「神・イエス・聖霊」と置き換えてもよい。

この三者は初めから存在していて、永遠である。最初に父がいて、そこから子が生まれてきたのではなく、三者は初めから存在していて優劣はない、とされる。イエスは神の子にとどまるのではなく、神そのものと考えられているので、それは受け入れるしかない。この点にここではこだわらない。問題は、ペルソナということだ。ペルソナは実体ではなく、「自存するものとしての関係（relatio ut subsistens）」である。トマス・アクィナスは、ペルソナを説明するときにそう述べた。トマスはアリストテレスに由来するギリシア哲学を継承したと整理されるけれど、関係を重視する思想を明確に述べていた。これは哲学的枠組みへの正面攻撃である。関係は自存しないというのが哲学の基本だ。

チェシャ猫が消えてニヤニヤ笑いが残ったら不気味だが、自存する関係というのは同じぐらいに気味が悪い。二人の男の子がいて、兄弟という関係がなりたつ。子供もいないのに兄弟がいたり、出場選手がいないのに、金・銀・銅メダルが授与されたりするのは考えにくい。

しかしながら、自存する関係は哲学の思考可能性の中にあろうがなかろうが、決定的な重要性を持っている。神においては三位一体のペルソナはそれぞれが別個の実体ではなく、関係であって、自存している。哲学的に考える者はつまずいてしまう。いや、哲学的に考える者がつまずくように概念装置ができているのだ。

関係が自存するというのは、人間の世界であれば、関係の一方を担う個体が滅んでいっても、それが他者に受け渡され、受け渡しが永遠に続く限り、関係は自存するということだ。生命を個体に宿るものではなく、個体から個体へと受け継がれるものと考えれば、生命もまた「自存するものとしての関係」なのである。自存する関係は神の三位一体に限定されるものではないと私は思う。

聖霊が（ローマカトリック教会においては）父と子から霊発し、発出して、その派遣によって恩寵が人々に及ぶということは、イメージで考えれば難しいことではない。聖霊は個人の中にとどまり続けるものであるよりも、人々の間を経巡り、広がりを持った空間に遍在するものなのである。人間がカプセル状で堅固に閉鎖したものではなく、多孔的であれば、聖霊は浸透することができる。

一定の広がりの中に遍在する精神的なもの、霊的なものは、様々に語られてきた。文化人類学で用いられるマナもそういうものだ。非人格的で超自然的な力を表すもので、人・生物・無生物・器物などあらゆるものに宿り、強い伝染性や転移性を有している。マナは放置していては危害を及ぼす存在のままであるので、宗教儀礼によって、害悪の消滅や豊穣や大漁を祈願したりする。人間の通常の行動によっては制御しがたい出来事の背後にマナが想定されたのだろう。地震・嵐といった自然現象、疫病などである。

名もなき、遍在する脅威的な力として捉えられていた神が、名前を持ち、それぞれ異なった名前や形象を与えられると多神教の段階になると考えられる。その後、一神教が現れ、現在の宗教のかなりを占めるようになった。ユダヤ教、キリスト教、イスラーム教は一神教であり、宗教の中ではかなり特異であり、後発的な形態である。

こんなことを論じているのは、父親の不在、個人と共同体との媒介的機能を有する社会領域の欠如という固定的文脈の中で論じていると、セカイ系というのが未熟で欠如的な現象として捉えられ、欠如部分をどう補塡するかという議論になってしまうのを恐れるからだ。哲学、特に存在論も形而上学も認識論も神学も、セカイ系というカテゴリーの普遍妥当性を想定すれば、すべてセカイ系なのである。倫理学はギリギリのところで世間や社会や共同体を考えるから、セカイ系を免れているともいえる。しかし、ア・プリオリな総合判断は可能かとカントが問題設定を行ったように、ここで考えているのは、セカイ系倫理学は可能なのか、可能であるとすればどのようにしてかということなのだ。それは現代のアニメに特有な倫理学なのではなく、哲学が発生当初から背負ってきた問題を継承した枠組みなのである。

セカイ系は、社会や共同体を度外視している、世間知らずの未熟な枠組みだという批判はありがちである。確かに、社会人として適応して生きていこうとして、個人の意識と普遍性が直結することを夢見ていれば挫折に陥る。だが、社会性や世間という中間的媒介性は事実という既成の枠組みの惰性に塗《まみ》れていて、これまでの道筋を継続していくことを本性としている。時代が変わるとき、そして新しい世代が次の時代を作ろうとするとき、世間や社会はいったん妥当性を中断されねばならない。そういう壮大な判断中止を思考において行うのが哲学だった。セカイ系もまた同じ志において見出すことはできるのではないか。セカイ系とは新しい時代という存在様態が身に帯びるスタイルなのである。

ペルソナ、それは仮面のことだ。大人は仮面をかぶって、何らかの役割を演じながら、世間を生きる。「本当の自分」として世間を生きていくことはできないし、「本当の自分」なんてどこにもない。絶対にないとは言わない。オブジェクト（object）としてあると私は思う。アートの世界ではオブジェとフランス語で用いられ、珍しい用語ではない。しかし、私はちょっと独自の意味合いを込めて使用している。

オブジェクトと私が呼ぶものは、コンピュータのプログラミング言語において、昔から使用されてきた言葉だ。英語のオブジェクトと同じで「対象」と訳してもよい。だが対象となると、どうしても事物のように考えてしまう。スピノザの思想を語る場合に、「理虚的存在」という言葉を持ち出したが、オブジェクトはそれと相通じる概念だ。仮象的な存在だ。無いのにあるかのごとく扱うもの、たとえば「エア・ギター」という言い方がある。エア・ギターは典型的にオブジェクトである。シャドー・ボクシングも同じだ。非存在の対象に向けての作用が、作用の技術や強度を昂進し、対象の存在そのものが重要ではなくなり、あるかのごとく見立てられるだけで十分になったりする。枯山水も幽玄ということも相通じる。「空」という概念も似ている。重要なのは、事物の側にある何ものかではなくて、それの向かうこちら側の技量や心持ちや構えであって、対象などなくてもよい場合のことを考えている。

オブジェクトということは、「夢、理想、理念、目標」と重なるのだが、そのように言い換えてしまうと、「求められている非存在者」ということになってしまい、大事なことが抜け落ちてしまう。幸福も幸せの青い鳥も、オブジェクトであり、「空」である。「本当の自分」「なりたい自分」というのもそういったオブジェクトなのである。

オブジェクトにもどんな非存在者にも場所・アドレスが必要だ。キマイラも、幽霊も、非存在者もそれが現れる特定の場所を持たなければならない。どこにもないようなものが場所を持つとはどういうことだろう。ただの言葉遊びをしているだけなのか。オブジェクトとは任意のどこかに存在しているというものではない。将来の夢も、アニメのキャラクターの帆高も陽菜もオブジェクトだ。そういう非存在ながらも人々を導くあり方が、フィグーラ（英語で言えばフィギュアだ）と呼ばれてきた。「型・タイプ」なのだ。

イサクの奉献がキリストの十字架の予型をなすというように語られる。アブラハムは愛する一人息子のイサクを犠牲に捧げよと神に命じられ息子を屠ろうとする。アブラハムの信仰心の堅固さにより奉献の命令は撤回され、イサクの生命は助かる。ここに、予型があり、イエスの十字架で成就すると考えられている。イサクの奉献が予型であれば、十字架上で生じたのはイエスの死ではなく、成就であったことになる。

予型はギリシア語ではテュポス、ラテン語ではテュプスやフィグーラと訳され、英語ではtype・figure・prefigureなど様々になるが、要点は、予め未来の出来事を示し、意味を準備し、可能性の条件を用意していることだ。予型があるがゆえに、或る出来事が何ものかの実現であることが分かる。夢が実現したと言えるのは、予め夢が構成されている場合であって、予め存在している型が未来においての出来事の実現可能性を用意していると言えるのである。

型とは一般的なものでしかなく、実例・具体例が存在しない限り、型は現実化することはない。個体とは普遍の一例ということにとどまらず、普遍が事物として受肉するための依《よ》り代《しろ》なのだ。「人間」という普遍はどこにも存在しないものだが、それを充足する、実例となる個物はいたるところに存在している。普遍とは命題の中では述語であり、関数の一種なのである。

聖霊が永遠の贈り物と言われているが、そう言われるのは、与えられたものであるためばかりではなく、与えられる前に与えられているからなのだ。聖霊は永遠に発出する。時間においてではなく、永遠に。与えられるということが可能な仕方で発出する以上、それは誰か与えられるものが存在する以前において既に与えられている。与えられる前に与えられているということ、そこに鍵がある。

霊発はギリシア語ではエクポレウシス、プロボレーであり、それぞれ内部にあったものが外部に出て、現れてくることを意味している。本義は「内から外へ」である。

発出は、processio が行列、行進、進軍の意味があることに示されるように、内から外に出てきたものが経巡り、どこかに至ることである。

派遣とは至る所に広がり、その働きをなすことだ。聖霊は人々の間に遍在する以上、送り届けられた聖霊が、さらに次の人に伝えられるというリレーのような働きこそ、この派遣という現象なのである。

アンブロシウスは、『聖霊論』において、聖霊の性質を次のように整理した。

> 本性的に接近不可能なものでありながら、善性のゆえに我々すべてがそれを受け取ることができ、その力はすべての物を満たし、義なる人によって分有され、実体において単純で、力において豊かで、各々に現前し、おのおのはそれを分有し、至る所に全体がある（ubique totus）。（アンブロシウス『聖霊論』第一巻第五章七二節、筆者訳）

聖霊は、我々のすべてが受け取り、すべての事物を満たし、実体において単純であり、力能に満ち、すべてのものに現前し、すべてのものに自らを分かち、全体が損なわれることなくどの場所にもある、と考えられた。全体が遍在するのである。

聖霊の伝えるものが愛だというのはほとんどの人が通り過ぎてしまう言葉であるとしても、一般的普遍的なものが個体の予型であるということは、自分の夢が実現したと確認できたり、自分とは何か（アイデンティティ）ということを認識できる構造と重なり合っている。自分探しとは、その自分と過去に出会ったことがなくても、デジャヴュを感じなければならないものなのである。人生がいつもデジャヴュだらけだったり、初めてのことなのに既視感があるのは、そういった予型が贈り物として与えられているからかもしれない。予型とは過去の記憶の中にあったように感じながらもなかったもので、でも出会うとこれがそうだと確認できるための装置であり、未来の中の記憶なのだ。『天気の子』もまた現代における予型の姿、未来がどのように進んでいくのかということの未来からのメッセージのあり方を示してくれる物語なのである。

人生は物語としてある

ヒットするアニメ作品には明確な性格を持った登場人物が中心にいる。それはアニメに限られたことではないだろう。際立った特性を持つ登場人物はフィギュアともいう。

宮崎駿の『風の谷のナウシカ』におけるナウシカ、新海誠の『君の名は。』における三葉、『天気の子』における陽菜を考えるとき、そのような明確で強烈な特性を持つ登場人物が中心に置かれていることは考えるべき論点を含んでいるように思う。

「人新世（Anthropocene）」という言葉が近年取りざたされるようになった。人新世とは、人類の経済活動が地球を破壊してしまう時代であり、環境破壊を考える場合に重要である。人類は営利追求を続け、近代の産業革命以降は化石燃料を膨大に消費し、環境を汚染し、健康被害を引き起こしながらも、そういった害に見合うか上回る利益を得ることができるという神話の中で生きてきた。しかし、四度気温が上昇すれば文明は崩壊するという予測が出てきた。環境汚染と人類の文明は共存することができない最終的段階にまで達してしまった。そういった危機意識が「人新世」には含意されている。

会社や世間や国家という共同体のあり方も、気候変動という世界全体の変化の中では問題の重要性が消失してしまう。「セカイ系」という枠組みは、一つの問題系、世界的な問題系を志向しているように思われる。セカイ系は、生きているうちに文明崩壊の可能性に直面するかもしれない若者たちの驚きと危機感の現れではないのか。

個人と世界という普遍的共同体との間には、中間的な様々な共同体の階層がある。それらの階層は歴史の中で時間と手間をかけて構築されてきた。政治的経済的なリアルな場面での共同体形成ということも大事だが、「私とは何か」を考える場合の準拠枠として、「私は日本人だ」「私は会津の人間だ」というように、準拠集団によって自己を捉える場合、想像の共同体ということが大事になってくる。つまり、倫理学の具体的な概念がそれを担うためには、抽象的で普遍的な主体ではなく、具体性を持ち限定されたリアルな主体でなければならないということだ。海面上昇による文明崩壊といった巨大な危機に対しても、抽象的な人格モデルが人間の行動を駆動させるものとなることは難しく、具体的なモデルを頭に浮かべて、具体的行動を導くような原理が必要なのだ。

なぜキャラクターやフィギュアということを考えるのか。私にはこれからの倫理学を考える場合にきわめて重要であると思われるからだ。倫理学が抽象的な概念を扱う純粋な学問としてあり続けようとすることは、倒錯でしかないと思うからだ。具体的な倫理学しか残ることはない。

先述したようにチャールズ・テイラーは『世俗の時代』において、西洋社会の世俗化を指摘し、宗教の力の衰退を憂慮した。私自身は、宗教が（来世のことではなく、そして神の関与ということとは無関係に）人間の現世における幸不幸に大きな関わりがあると思うが、宗教の衰退を嘆きはしないし、そのことに関与するつもりは一切ない。そしてその上、宗教は民衆のアヘンだという立場にも与《くみ》することはない。

中立的な立場から述べるのだが、宗教の問題とセカイ系はリンクしている。宗教は個人と普遍的な超越者との無媒介的関係を中心とし、セカイ系も個人と世界全体との無媒介的な関係を描いている。国家と結びつく宗教も存在する。民族と結びつく宗教も多い。国家もナショナリズムということも近代的な出来事だ。

宗教は国家の限界を超えて成立する。現在の宗教の多くは、特定の民族や国家とは結びつかない普遍宗教だ。イスラーム教徒は、国家を超えてウンマという宗教共同体に帰属しているという意識を持っている。キリスト教でも、カトリック、プロテスタントなど、そして多くのセクトに分かれ、統一的意識は緩やかであるとはしても、共同体意識は持っている。

哲学の多くはナショナリズムや共同体とは結びついてはいない。そのために現実離れした、役に立たないという形容詞を付されることは多い。普遍性は普遍性のままとどまり続けることはできない。

普遍的なものは、数多くの個別的なものを抽象化して得られる希薄化したリアリティの残滓ではない。普遍的な共同体意識が狭い地域性を持つように至る経緯が重要になってくる。テイラーは個体性と普遍性の間でその程度において伸縮する概念としてのフィギュアに注目する。

テイラーは『世俗の時代』において、アンダーソンの『想像の共同体』を援用し次のように述べる。

彼〔＝アンダーソン〕は、旧約聖書の出来事と新約聖書の出来事との関連（例えばイサクの犠牲とキリストの十字架）を、予型‐成就の関係において捉えたアウエルバッハを引照している。（中略）二つの出来事は、実際には幾世紀（すなわち、「いくつかの時代や世紀」（aeon あるいは saecula））も離れていたとしても、永遠における同一性へと密接に引き寄せられている。神の時間において、イサクの犠牲とキリストの十字架の間には一種の同時性が見られるのである。（チャールズ・テイラー『世俗の時代』上、千葉眞監訳、名古屋大学出版会、二〇二〇年、六八頁）

ここで出てきている「予型」ということの原語がフィギュアであり、とても古い、昔から使われている概念だ。この語を、テイラーはアンダーソンから、アンダーソンはアウエルバッハから借りている。フィギュアと結びつく語がキャラクターだ。両者は内容的には一部分重なり合う。フィギュアはキリスト教の思想史の中で登場し、キャラクターは文学やアニメで登場するから、両者が同時に登場することはない。しかしここでは二つの文脈を結びつけて論じているから、混在することになる。フィギュアは本来「形」の意味だから人間以外のものにも適用できるし、そしてなによりも未来を示すという働きがある。キャラクターは、「特質、性格」

を示し、人間や動物といった登場人物や役を担い人間のようにふるまうもののことで、必ずしも未来との関係が強いわけではない。ちょっとだけ違うけれど、たとえばナウシカをフィギュアと捉えてもキャラクターと捉えても問題はない。キャラクターは、様々な個別性を備えた個人というよりも、話の荒筋を背負い、それを駆動させるモデル的人間なのである。

昔であれば、「偉人」として描かれたような人物だ。多くは、特定の徳を実行した人物であった。桜の木を切ってそれを正直に伝えたジョージ・ワシントン、貧困のなかで勉学と困難を乗り越えようとするキュリー夫人、寸暇を惜しんで薪運びの最中にも勉学に励んだ二宮尊徳など、偉人伝がかつてはたくさんあった。彼らは徳を具象化するもの、受肉した徳であった。フィギュアという場合も、そういった特別の性質を持った人物を表現するものとして用いられる。

犠牲に捧げられそうになったイサクなどは、そのフィギュアの典型である。それらは、特別な性質を備え、事件・出来事を担う存在である。

アウエルバッハは、こうした同時性の観念が我々にはまったく異質のものであることを正しく強調している。（中略）

我々自身のもつ同時性の観念は、長期にわたって形成されてきたもので、その成立は確実に世俗科学の発展と結びついたものであったが、この成立の過程についてはなお十分に研究されているとは言い難い。とはいえ、この観念は、ナショナリズムの成立にとって決定的な重要性をもつので、これを十分に考察することなしに、ナショナリズムのあいまいな起源を探査することは難しい。中世の時間軸に沿った同時性の観念にとって代わったのは、再びベンヤミンの言葉を借りるならば、「均質で空虚な時間」の観念であり、そこでは、同時性は、横断的で、時間軸と交叉し、予兆とその成就によってではなく、時間的偶然によって特徴付けられ、時計と暦によって計られるものとなった。（ベネディクト・アンダーソン『定本　想像の共同体』白石隆・白石さや訳、書籍工房早山、二〇〇七年、四九～五〇頁）

アンダーソンはナショナリズムの起源を普遍的な宗教言語の消滅によると考えている。つまり、聖なる言語は過去の偉大な世界的共同体を創造する媒体であったのだが、そうした幻想的な共同体のリアリティは、記号の非恣意性に基づいていたというのだ。現代の西欧的思惟からすれば事物との間には恣意性しかないというのが常識的であるにもかかわらず、中国語、ラテン語、アラビア語の表意文字は聖典を文字において表していた。聖なる言語は現実の直接放射であって、恣意的なものではなかった。だからこそ、イスラーム教の伝統において、コーランは翻訳不可能とされてきたのだ。同じことは、仏教の真言宗における密呪《みつじゅ》を考えればよい。

個別的な姿（フィギュア）をもって表現されることによって、時間的にも因果的にもつながりのない二つの出来事の間に関係が確立されることになる。たとえば、典型的には、イサクの奉献のような事件がキリストの受難を予兆するものとして解釈される枠組みを用意するのだ。そこに登場するのが、フィギュアを充足する・成就する（figuram implere）ということだ。ここでのフィギュアは、姿や形が人物ということにとどまらず、役柄を持ち、荒筋を担う登場人物としてである。歴史を作ると言ってもよい。

イサクという人物が、キリストの出来事を成就するのだ。つまり、「いま」と「ここ」ということは、神の前では永遠なもの、恒常のもの、断片的な現世においてすでに完成したものなのだ。神の前を持ち出すのは、宗教的な前提においてしか成り立たないが、物語や映画やアニメを見る視聴者もまた同じ位置に立つことはできる。

アウエルバッハにおける元ネタのところを見てみよう。

二つの出来事が神の配慮によって垂直に結び付けられている場合のみこの両者の関係は成立するのであって、神の配慮のみがかかる歴史的展望の企てを可能にし、その理解の鍵を与えてくれるのである。二つの事件の水平な関係、すなわち時間上・因果上の関係が失われ、「ここ」と「いま」とは現世の推移の一部をなすものではなくなって、たえず存在し未来において成就されるものとなる。厳密にいうと「ここ」と「いま」は神の前では、永遠のもの、恒常のもの、断片的な現世の出来事においてすでに完成したものである。(エーリッヒ・アウエルバッハ『ミメーシス』上、篠田一士・川村二郎訳、ちくま学芸文庫、一九九四年、一三五頁)

神が世界を物語性において見ているのだが、それはあくまでも同時的に成立しているもの、永遠の止まり続ける今(nunc stans)において成立している。千野帽子さんは、物語ということが人生を考える場合にいかに大事なのかを語る二冊の本を書いている(『人はなぜ物語を求めるのか』ちくまプリマー新書、二〇一七年、『物語は人生を救うのか』ちくまプリマー新書、二〇一九年)。物語はフィクションでしかないのではないか、という考えを持つ人は少なくないだろう。文学は役に立たない、という通念が社会に広がっている。この世界に物語性が失われれば、人間は人間であることをやめるしかない。そして、文学なしに物語性は構成しえず、したがって、文学なき世界とは、人間が存在しない荒廃した空間でしかない。

文学や物語のない人生は操り人形として生きることでしかない。イデオロギーや抽象的思想を駆動原理として動く人間はプログラム通りに動く自動人形とどこが違うのだろう。

物語がどのようなストーリーとしてあるかということ以上に、人生が物語としてあるということの方が大事なのだ。絶望というのは、途中まで読み進めた本を途中で読み止《よさ》したまま放り出すことに等しい。

バーナード・ウィリアムズは倫理的なものへの懐疑主義的な態度を勧める。道徳性という言葉をウィリアムズは、上から目線の規範的で決めつける態度として責める。人生においてコントロールできないことも、人生の善悪、幸不幸に関わっていると捉えたい。そういう緩やかな眼差しの集まりを「倫理的なもの」と呼ぶ。そこで大事なのは、「濃厚な概念、濃い概念（thick concepts）」というものだ。これまたはなはだ曖昧な概念だ。

卑怯者、嘘、勇気、残忍、感謝という概念は状況に依存し、そういう呼び方を誰かにする場合、そういう非難や好意的行為の理由に関わっている。濃厚な概念とは、記述的なものにとどまるのではなく、評価を含み、反省を加えた結果消えていくような概念であり、事実と価値がまじりあった、混合的で理論的な分析になじまない概念なのだ。

善とか正しさ、正義、規範といった一般的で抽象的な言葉は確かに理論的考察にはふさわしいが、「薄っぺらな（thin）」概念だ。薄っぺらな概念だけで出来上がった世界は、白い蛍光灯で照らされたステンレス張りの部屋のように見える。フーテンの寅さんが、葛飾柴又で展開するドタバタ劇は典型的に濃い概念で出来上がった世界だ。人生を功利主義的に薄っぺらに生きようと、濃く生きようとそれはその人の好みの問題だ。

濃い概念の束として生きることは、世間に巻き込まれ、「世間系」として生きることになりはしないのか。私はここで激しく、寂しく、強く生きた女性としてのシモーヌ・ヴェイユ（一九〇九～一九四三）を思い出す。

> 人間がこの世の法則から逃れうるのは、閃光のひらめく一瞬にすぎない。停止の瞬間、観照の瞬間、純粋直観の瞬間、心的な真空の瞬間、精神的な真空を受容する瞬間など。これらの瞬間を介して人間は超自然へと開かれうる。（シモーヌ・ヴェイユ『重力と恩寵』冨原眞弓訳、岩波文庫、二〇一七年、三〇頁）

シモーヌ・ヴェイユは激しい偏頭痛に苦しみ続けた。偏頭痛を呪詛しつつ、峻烈な天才でありながら、肉体労働者として生活し、食べるのにも苦労しながら、疲労困憊の中で、善・美・意味から切り離された真空状態の中で哲学的思惟を紡ぎ続けた。三四歳という短くも強烈な人生を生きたシモーヌは、存在の苦海のなかのナウシカのように見える。

フィギュアとは、型姿、影、姿、予兆、徴、有様であり、物事の具体的な成り行き・進行であり、時間的な意味合いが出てくる場合には、未来の出来事を予め示す、見えるものとして現れてきた姿なのだ。アニメはこういったフィギュアに充ちている。たとえば、汚染されほとんどの生き物も絶滅した地球に新しい清浄なる生命の風をもたらすフィギュアが『風の谷のナウシカ』だった。

このあたりに、セカイ系倫理学が「セカイ系」という名前を背負わなければならない理由が籠められている。ここまで、セカイ系倫理学ということに何度か触れてきた。しかしそれでもその姿は判然としないかもしれない。大枠を語れば、セカイ系倫理学とは、個人と普遍性との間にある媒介を飛び越えて、個人と普遍性が直接結びつくことを目指す過程のようにも見える。しかしなぜそれが「セカイ系」を名乗るのか。そして、セカイ系に描かれたアニメがなぜあれほど戦いというモチーフをベースにしているのかについて語る必要がある。私は戦いのための倫理学を語りたいわけではない。

倫理学は、古代ギリシアにおいて、エーティケーと名付けられ、誕生した時、「エートス」という社会の慣習、「世間」ということに染まって誕生した。政治学への予備学であるとアリストテレスは述べたが、政治学に仕えるための役割、共同体を維持するための役割を与えられ、そのミッションを果たすべく生まれたのである。セカイ系は、中間的な共同体の世界、つまり「世間」を飛び越えて、もっと大きな普遍的世界へと結びつこうとする。ちょうどストア学派がコスモポリタニズム（世界市民主義）を標榜したように、大きな普遍性への志向を強く持っている。そういった志向性は、哲学においては重視されて来た。哲学は基本的にセカイ系なのである。倫理学は、具体的な共同体の維持の任務を背負うとき、「世間」に染まれと命じる役割を身に帯びる。

確かに、心の中での「世界平和へ」という祈りが直接全世界に広まっていくと期待するのは、幼稚な全能感かもしれないが、その可能性が見通され、可能性の条件が探求され準備され、小さな発端、いわば種子として植えられ育てられなければ、大きな理念が具体化しない。理念は全面的に実現しないとしても、たえず目指され実現への道が歩まれることによって、実現されるべきもの、そして実現しつつあるものという存在様態を持つものだ。それは非存在というよりも、非存在から存在への永遠の歩み、見果てぬ夢なのである。

絶望してしまえば、理念は消滅し、跡形もなくなってしまう。理念も自分の夢も具体化への力を有するためには、未来と関わる何らかの技法や道具が必要かもしれない。その一つの技法が、フィギュアということではないかと私は思う。

過去の中に存在する未来

物語とは「人間精神の中心的機能、あるいは《審級《インスタンス》》」である。フレドリック・ジェイムソンの言葉だ（『政治的無意識』平凡社ライブラリー、二〇一〇年、一八頁）。審級、これは元々裁判において正・不正が吟味され判決が下される場面のことだ。真偽も善悪も、普遍性を保持した無数の中立的な裁判官によって決定されるのではなく、特定の条件を備えた限定された裁判官によって決定される。裁判官は透明ではない。物事の決定には、決定を可能にする場面が必要なのだ。それが審級である。フロイトは、人間精神に前意識、意識、エス（無意識）という三つの審級を設定した。近代哲学は、意識を唯一の審級として捉える傾向にあったが、複数の審級という考えは、哲学の基本構造を決定的に変えることとなったのだ。

ジェイムソンの言葉は、アウエルバッハが語ったフィグーラ（フィギュア）と響き合う。前節から、フィグーラということにこだわっているが、それは人は誰も人生という物語において、主人公として生きる必要性を示したいからだ。たとえ登場人物が一人、観客が一人であろうと、人生は人生なのだから。

フィギュアという言葉は、現代の日本では人形を指すものとして用いられることが多い。しかし、元々はラテン語のフィグーラであって、「形」の意味であり、実物を写した姿、比喩の意味でも用いられ、時代や分野によっても幅がある。様々に変動し推移して、揺曳を残していく様は、アウエルバッハの『ミメーシス』だけでなく、集中的に用例を集めた彼の論文「フィグーラ」（『世界文学の文献学』高木昌史・岡部仁・松田治訳、みすず書房、一九九八年）で詳しく論じられている。この論文は錯綜した論述であり、フィグーラという用語も難解さに自らの姿を隠す概念でありながら、一方で私たちを魅了してやまない。アウエルバッハのフィグーラ概念へのこだわりは、文芸批評や歴史学にも大きな影響を残すこととなったが、倫理がこの概念を取り込まないで済むはずがない。

フィグーラが形や比喩という表層的な意味合いを超えて重要なのは、旧約聖書がフィグーラで新約聖書が成就であるからだ。旧約聖書におけるイサクの奉献がフィグーラで、新約聖書におけるイエスの十字架がその成就であるということには、キリスト教のみならず、西洋文化の基本的骨格を示す論点が隠れているのだ。古代と現在という時代の懸隔を超えて媒介する枠組みがあると人々は感じたからこそ、このフィグーラにこだわる人が多いのだ。私の場合は、アニメを論じる枠組みとも結びつく。

フィグーラという概念は、事物の「姿、形」ということだけにとどまらず、「未来の出来事を予示していること」「後に生じる出来事（成就）との間に対立があること」「成就との間に特殊な因果関係があること」といった歴史的な出来事の連関を示している。これらすべての側面を反映できる訳語は存在しそうにもない。私としては「型」と「徴」を取り上げて「型徴」としてみたい気持ちにもなる。訳してしまうと錯綜した概念の相貌は薄まるのかもしれない。

それはともかくとして、このフィグーラと、フィグーラが示す未来の出来事＝成就との関係こそ、西洋文化が二〇〇〇年にわたってこだわり続けてきた枠組みなのだ。世界観の基底、土台をなす枠組みがこの概念には含まれている。このフィグーラ概念は、ギリシア的な目的（テロス）に支配された目的論的世界観とも、近代以降の機械論的、科学的世界観とも異なっているのである。フィグーラが示す世界観が、それらといかに異なっているのか、この峻別の相を見ることが重要なのである。

成就とはどういうことなのか。似たような概念に充足（satisfaction）というものがある。欲望があってその欲望が充足する、という形式でもよい。何か足りないものがあって、それが満たされるという形式だ。欲望は、基本的に欠如の状態として捉えられ、欠如と不足のままでは緊張の中に置かれ、その緊張を解消すべく、足りないものが補われるということになる。

こういったことは、体内の水分や栄養の不足ということについては成り立つ。しかし、他者から承認されることや名誉や富を求める場合、初期状態が欠如であるとは限らない。欠如に気づくことは、何かが与えられることによって生じる。体内に十分に存在すべきものが不足して生理的欲求が起こるとしても、他者が関わる欲求は、何かが不足していることから必ずしも始まるのではなく、何かが与えられることで、特定の認識の枠組みが与えられて生じる。

愛は惜しみなく奪うと語られる場合もある。ここでは奪われ不足するがゆえに欲求が生じるのであり、貪欲なる欠如なのである。

充足ということに私がこだわるのは、物理的な因果関係よりも、関数という枠組みが関連すると思うからだ。充足とは物質の補充ということを何ら含まない。生理的ではないような、倫理的な補充こそここでは問題だ。たとえば、fという関数・働きがあって、そこにaという項が付与されると、bに終着する。射影（マッピング）と言ってもいい。心理学的な比喩が入り込むが、関数は項が与えられぬままでは非充足であって、適切な項が付与されることで働きが適用され、充足されると考えることもできる。

栄養など生理学的な不足物が与えられ、充足するという図式で、本来不足していない社会的な欲求が不足しているかのように記述されることがあるが、関数的なものとして記述すると、他者からの承認や不名誉や恥など、何も不足していないのに不足しているように思う事態を記述できる。愛の飽和状態において、愛の絶対的欠如を感じられるのが人間的事象だ。

さらにまた、充足という図式は、後述するように、アウエルバッハの比喩（フィグーラ）と成就（figure-fulfillment）という歴史認識の基本形式とも結びつく。成就のドイツ語はErfüllungであるから充足と訳しても問題はない。

ヘイドン・ホワイトは、アウエルバッハのフィグーラの理論を取り込み、さらに先に進める。人間は「自分の物語を構成するストーリーの全体的なまとまりを、一つの包括的ないし元型的なストーリー形式においてプロット化せざるをえないのである」（ヘイドン・ホワイト『メタヒストリー』岩崎稔監訳、作品社、二〇一七年、五八頁）。

ホワイトが『メタヒストリー』において展開したのは歴史の理論についてであり、歴史に登場する特殊な因果性を開示し、大きな反響を呼んだ。従来、ヘンペル・モデル、つまり歴史叙述は科学たりうるのか、もし科学たりうるのならば、歴史叙述はいかにして因果法則を展開できるのかという理解が主流であった。

彼はプロット化ということに注目する。そこで歴史と文学は大きな関連を持ち始める。歴史がノンフィクション、文学がフィクションとして分けられるものではなくなっていくのだ。

プロットとは、「筋・構想」、誰かが何かをなすこと、時間的に前後の系列をなす複数の出来事の間に因果性や筋道を見出すこと、ストーリーに意味を与えることだ。プロット化とは、「クロニクルのなかに収容されている諸事実をプロット構造のもろもろの種類を構成する要素としてコード化することでしかない」(ヘイドン・ホワイト『歴史の喩法』上村忠男編訳、作品社、二〇一七年、五一頁)。

クロニクルが時系列に沿った出来事の羅列、錯雑した記述であって、加工されていない歴史的記録から配列したままの結果であるのに対し、ストーリーは特定の場所の中での時間的に配列した出来事の記述だ。ストーリーは発端と中間と結末を有している。ストーリーは、時間系列の中で逐次的に蓄積されていくだけだ。そこに、人物の配列ができ、中心的な人物が配され、因果的な連鎖が設定される。出来事として、中心が設定されるとき、「プロット」が見出される。プロットが確立すれば、時間を遡行することも、過去と未来の間を行き来することもできるようになる。

フィグーラとは、ある特殊なプロットの形式のことである。旧約聖書と新約聖書、ユダヤ教とキリスト教、現世と来世、現在と未来、イサクの奉献とイエスの十字架など、様々な場面に広く見出される。その枠組みで考えると、歴史とは、或る出来事は先に起きた別の出来事の成就されたものでもあれば、先に起きる出来事は後に起きる出来事のフィグーラでもあるというような存在の様式なのである。両者の間にあるのは因果関係でも、独自の関連なのである。

改めてイサクの奉献を簡単に見ておく。神から息子イサクを焼き尽くして（ホロコースト）捧げものとせよという命令にアブラハムは従う。「神が命じられた場所に着くと、アブラハムはそこに祭壇を築き、薪を並べ、息子イサクを縛って祭壇の薪の上に載せた。そしてアブラハムは、手を伸ばして刃物を取り、息子を屠ろうとした」（「創世記」22：9～10）。しかし、そこでアブラハムの忠実な信仰を見た神は、息子を焼き尽くすことを止めさせ、その子孫に祝福を与えた。

かたやイエスはゴルゴタの丘で十字架刑にかけられ、「エリ、エリ、レマ、サバクタニ（わが神、わが神、なぜわたしをお見捨てになったのですか)」(「マタイ福音書」27:46)という絶望の言葉を大声で叫び、亡くなっていった。

イサクにおいては生命と祝福が与えられ、イエスにおいては、死と受難が与えられた。真逆の出来事に見える。イサクの奉献がフィグーラであって、イエスの十字架上の死が成就であるとすると、そこには大きな仕掛け、因果的法則性やクロニクルやストーリーといった通常の語り方では示すことができない仕掛けが必要だ。法則論的な因果性を越えた特殊な因果性においてこそ、プロットが現れてくる。ではそれはどのようなプロットなのか。ここに西洋文化を理解するための大きな鍵が潜んでいる。東洋のノンクリスチャンは、そこに不思議な事象の系列しか見出すことはできないのだが。

同じことは人間の人生にも言えないのか。人生の目標は、フィグーラとして立てられる。どういうことか。自分への約束、自分との契約として立てられるということだ。簡単に説明ができるような仕掛けではないのだが、旧約聖書と新約聖書における「約」が約束・契約だというのは重要な論点だ。約束しなければ約束を成就することはできない。人生においても同じだ。人生のある時期に自分に約束をしなければ、自分の夢を成就することはできない。約束は、普遍的客観的な通則を借りてくることもできるが、個性的な目的を成就するには、独自の契約を自分とかわす必要が出てくる。旧約聖書が新約聖書を成就とするような形式が見出されたのと同様な仕方で。それは、超越的に外在的に与えられるのではない。

人生を評価する外在的、超越的な評価尺度は存在しない。立派に生きたい、誉めてもらいたい、有名になりたい、えばりたい、これらは外在的な価値論者なのである。スピノザの内在的原因（causa immanens）の考えを思い出してもよい。約束としてのフィグーラということは、悩ましい概念だ。我々の身の回りにある原因といぅのは、原因と結果が別々であるから、超越的フィグーラと成就との間に内在的原因の系列を作ることでもある。内在的原因というのは、悩ましい概念だ。我々の身の回りにある原因というのは、原因と結果が別々であるから、超越的原因（causa transiens）である。「超越的」というのはほとんど誤訳と言ってよい用語だった。熱いお湯の中に冷たい水の入ったコップを入れて水が温むとき「超越的原因」とは言いにくい。移行的原因で十分だ。transiensというのは、他のものに向かっていくということだ。

内在的原因というのは、ドゥルーズの内在性や内在平面という概念の源泉であり、重要な概念だが、理解しにくい。なぜ理解しにくいかといえば、多くの場合、原因とは言われないものが内在的原因だからだ。知性が様々に思惟を行い、その結果を自らのうちに生み出し、新しい内容を得る。この場合、知性はその結果を自分自身のうちに生み出しているので、「内在的」なのである。知性とその命題とは異なった存在を持っているので、内在的原因といってよい。

似たような概念に流出因（causa emanativa）というのがあって、こちらは原因と結果が存在において区別されないのだ。この流出因も原因らしくはない。基体とその属性の関係に見られ、たとえば三角形とその属性（例：内角の和が二直角）という場合である。神とその属性の関係は、流出的原因と考える方が普通であり、スピノザはそれをも内在的原因として捉えている。スピノザは言葉遣いと表面的な用法は慣習に従いながら、頑固に自分の流儀を貫く人だ。内在的原因という一語の使い方にも、スピノザらしさが漂っている。彼の主著『エチカ』には、スピノザならではの一品が至るところに埋め込まれている。それを探し出すのがスピノザ・ファンの極上の楽しみなのである。

ここで、フィグーラとその成就との間に、通常の因果関係を設定はできなくても、内在的因果関係を設定すべきなのだ。知性が、原因と結果の間に因果的絆として働くとすれば、フィグーラとその成就の間に物語という架け橋を措定できるのもやはり知性（想像力も加わる）なのである。

成就という概念は、アウエルバッハの歴史哲学を理解するうえで決定的な概念である。成就とは、けっして究極的には成就されることがなければ、十分に特定することもできない、或るひとつの目標に向かう前進（progress）という姿を歴史が持つことを可能にする。それは、古代の目的論的な概念とも、近代の科学的、機械論的な概念とも異なった、歴史特有の因果関係の様態という概念を提供する。この特殊な歴史的な因果関係の様態をヘイドン・ホワイトは「比喩的因果関係（figural causation）」と呼んだ。ホワイトは、『歴史の喩法』に収録された「アウエルバッハの文学史——比喩的因果関係とモダニズム的歴史主義」において次のように指摘する。

それは、現実が観想の対象として表象されると同時に、褒賞（pretium）の対象、現実を把握し統制しようとする人間の努力にふさわしい欲求の対象として描写されるさいの場となり手段となる、多数の比喩《フィグーラ》を成就するユニークな能力をつうじて、人類がみずからを形成する過程を告げ知らせる。（『歴史の喩法』、二四一頁）

ホワイトのこのアウエルバッハについての論文は秀逸である。アウエルバッハの『ミメーシス』の全貌と、フィグーラの理論を明確に示すと同時に、ホワイトの主著『メタヒストリー』の核心をも示してくれている。

アウエルバッハの思い描いている成就（Erfüllung）は、Erというドイツ語の接頭辞が結果・完了・終結と到達・獲得・創造を意味し、先行的に与えられた約束と志向性の完成を意味している。人間の行為に適用すれば、道徳的責任を負うことができる人物が、遂行能力があると考えられている行動、つまり約束を履行するとか、誓いの諸項目に忠実であるとか、引き受けた義務を遂行するとか、友人にたいして誠実でありつづけるといったような行動を示している。

これを歴史的出来事に適用する場合に注意が必要になってくる。或る歴史的出来事がそれよりも先に起きた出来事の成就であるといって、先に起きた出来事が後に起きた出来事を引き起こしたとか、後に起きた出来事が先に起きた出来事の現実化や結果であることにはならない。それが意味しているのは、或る歴史的出来事は或る比喩が物語や詩におけるその成就に関係づけられるような風にしてたがいに関係づけられている、ということなのだ（同書、二四一〜二四二頁参照）。

フィグーラが約束に近いということは、それは予言や予測ということではない。手相に現れた様々な徴が未来を予言しているのではなく、徴の意味を読み取り、約束として引き受ける限りにおいてのみ、未来への影響を持ちうるような、したがって客観的には何ももたらさない空虚な記号であるのと同じなのである。机の引き出しに仕舞われたままの誰にも伝えられない約束はいかなる強い決意があろうと空虚にあり続けるのと似ている。

約束はそれがまずなされないかぎり成就されえないというのは真実である一方で、約束をすること自体はそれの成就のための必要条件であるにすぎず、十分条件ではないからである。これが、約束をしたということはそれが成就されたことから遡及的に演繹できるが、約束をしたからといってそこからそれが成就されるだろうと先を見越して推論することはできない理由である。（同書、二四二頁）

成就は、ここでは一種の変則的な、非規定的な原因ないし非目的論的な目的として理解されなければならない。成就は、先行する原因によって規定された結果とか、もともと原因の中に内在していた可能態が目的を目指して機械的に現実化した結果とか、精神を活気づけている或るひとつの概念の現実化ではない。「現実的なものは理念的であり、理念的なものは現実的である」と述べたのはヘーゲルだった。彼の考えでは、世界史の流れは普遍的な精神の概念の運動であって、人類史を動かしているのは理念や概念であるということになる。その考えによれば、概念の動きが論理学的に推移していくように世界史も概念の動きとしてあることになるのだ。新型コロナ禍を見ても分かるように、世界史は概念の流れの実現として動いているわけではない。

普遍と個物とを結びつけるものをとりあえず形式的な論理に求めるならば個物は普遍の具体例となりそれを充足すると言える。普遍は個物の述語になると言ってもよい。そのような枠組みは個体化を歪めてしまう。個体が普遍に吸収されてしまうからだ。そして、そういった論理形式の中に、偶有性や偶然性が入り込む余地は少ない。具体的な個物が唯一であるということは、数的な一という抽象的規定で済まされてしまう。つまり、〈私〉という個物がかけがえのない唯一性を有するということが、世界に一個しかないという数的唯一性に由来しているとすれば、もし〈私〉のクローンが三つ出来たら、本当の〈私〉以外の残りの〈私〉がごみ処理場に運ばれるべきだということになりかねない。〈私〉の個体性、尊厳の根拠を、世界に一つしかないからということに求めることは楽であるとしても、根拠づけられていないし、また唯一性ということは論理的に考えて本来いかなる仕方でも証明できないことである。アマゾンの密林の奥深くに〈私〉のコピーの非存在は証明できない。そもそも非存在は証明できないし、非存在を使用しない唯一性の証明もありえない。〈私〉が〈私〉であることは〈私〉が世界に一人しかいないということではない。

普遍性に回収されない個体性を探せば、そういう枠組みがなぜ個体性を取り損なうのか考えてみる必要がある。〈私〉が普遍性の中に置かれてしまえば、置き換え可能な、代替可能なものとなりかねない。しかし、置き換え可能ではないからと言ってそれだけで、〈私〉の〈私〉性は成立しない。一〇枚あるお皿について、九枚割ってしまって残り一枚のお皿の価値が急に跳ね上がるということは考えにくい。物語において示される個体性とは、約束（プロット）が先にありながら、プロセスの進展の中で「再発見」、初めて出会いながらも再発見として出会われるようなものであり、それが人生なのである。過去の出来事がフィグーラであり、或る「約束」であったことを発見して、現在の出来事を成就として理解することができる。だから、過去を見つめ、過去を遡及的に探索しながら、未来に向かって背中を向けたままで、後ずさりしながら、未来に向かうという、人間実存の時間内運動の姿はフィグーラ構造と重なり合う。

物語を語れない倫理学は大きな欠落を持った倫理学だ。倫理学とは、善や正義や幸福に関する普遍的妥当性を有する規則・原理の体系を個別的な事例に適用することではない。そもそもそのような体系が困難だということもあるが、だからといって体系を構成できない倫理学は無駄だということになりはしない。

とはいえ、理論の中にとどまり続け、抽象的で完全な倫理的体系を夢見る者は、路傍の切株につまずく。特殊性を備えた現実の事実への適用は時として委細を尽くさざるを得ず、またその技量を習慣（ハビトゥス）または能力として自分のものとして体得するにも時間がかかり、自分流にカスタマイズする必要がある。

いかに優れた倫理学説も、現実への演繹的機械的な適用（application）において、現実という地面がいつもザラザラしていて痛みと当惑をもたらすことを忘れては、画餅程度のものなのである。

さらにまた、倫理は自分のものとして取り込まれ、奥深く馴染みのあるものとして収められ、カスタマイズされなければならない。言い換えれば己有化（appropriation）されなければならない。

いかに鋭利なる包丁も、普段から研がれ、手に馴染むものとなり、それを使いこなす技量なしには危険な事物でしかない。

倫理学が、適用と己有化において、伸るか反るかを突き付ける以上、人間の善き生の普遍的な哲学的理解は、どうしても多くの点で曖昧にならざるを得ないのである。

事実の汲み尽くしがたい豊饒性のまえで、倫理はいかに準備を尽くそうと、論理性や合理性において晴朗なる結末に終わることはなく、揺曳を伴いながら漂い残り続けるのである。世界とは、個々人の生命の揺曳の無限なる積み重ねなのだと思う。人生は、合理的な理論によって構築される建築物ではなく、物語である。自分への約束に追って始まる物語なのである。

現実という瓦礫の上で

概念がいかに緻密で壮大であっても、人間は概念だけを支えにして生きていくことはできない。もちろん何らかの概念が指針としてなければ人生は不安定で浮遊しがちだ。心はいつも弱気であり、襲い来る出来事はいつも多すぎる。概念や理論を受け止め、支え養い、現実への根付きを与える器も必要だ。フィグーラという概念は、そういうものだと思う。未来が見通し困難で、偶然性の暴虐な嵐に向かうためには、過去が未来の鏡とならなければならないのである。フィグーラとは過去の中に未来への約束を見出す枠組みだから。とはいえそれだけでは、あまりに単純化しているようにも見える。現実の確からしさを前提にしすぎているフィグーラという概念には奈落の契機が潜んでいるのだ。それを示したのは、ベンヤミンだった。

この本ではアウエルバッハが提出したフィグーラという概念にこだわってきた。月並みな言い方にはなるが、人生に関する倫理的指針を得る場合の重要な枠組みになると思うからだ。概念が飛翔するには、長い助走路が必要だ。

フィグーラは、古代の修辞学の中で用いられ、中世の聖書解釈学の中でも使用されていた。過去の出来事の中に比喩として隠された徴であり、それが特殊な仕方で未来の出来事を引き起こし、現在に生きる人はその出来事に成就を見出すのだ。トマス・アクィナスの『神学大全』や、パスカルの『パンセ』でも大事に考察されていた。旧約聖書と新約聖書の関係を理解するうえでも、イエスが十字架において普遍的救済の可能性を示したというキリスト教救済史を理解するうえでも、フィグーラという概念は決定的に重要だ。

キリスト教信仰を持つ人だけが享受できる概念枠ではないはずだ。ただ、その概念は曖昧さの雲に隠されている。私自身何度もこれまで通り過ぎ、ときには大きな関心を寄せながらも、姿を詳しく見ることはできない時間が長かった。

アウエルバッハが『ミメーシス』において、西洋における文体論の歴史研究の中にフィグーラ概念の重要性を示し、多くの関心を招き寄せることになった。そして「フィグーラ」と題するモノグラフにおいて、フィグーラという言葉の使用例のコレクションを呈示し見通しはよくなった。そこには、救済をめぐる独自の歴史哲学が伏在していた。その歴史観に潜んでいる独自の因果性をヘイドン・ホワイトは解読したのである。

出来事の生起の流れは、人間の認識においては、逐次的に原因から結果へと流れていく。だが、人間が物語を書き記す場合、時間の順序に即して並べるだけではなく出来事を乱雑に置きならべるだけでも、過去と未来が相互に交錯したり、同時的に複数の物語が並行したり、行為主体と出来事との関連において、原因と結果の関係を様々に語ることができる。原因と結果の連鎖としてのプロットが明確に構築されていれば、プロットは単数であれ複数であれ、時間の流れの逆行や振動においても、筋を追いかけることができる。各人の人生にプロットはあるのか、いやあったとしてもそれを知ることができるのか。「運命」という幻想を人間は信じたがる。だが運命を信じてはならない。

新海誠の『君の名は。』を見て、筋がよく分からなかったという年配の人に出会ったことがある。時間が前後で入れ替わっても、プロットが明確であれば、物語は出来事の意味を現象させることができる。日本の仏教説話である「縁起物」において、インドでの出来事が突如日本に舞台を移して登場人物も舞台も出来事もまったく様変わりしても驚く必要がないように。

フィグーラというのは、特殊な因果関係である。既述したように、それをヘイドン・ホワイトは「比喩的因果関係」と呼んだ。フィグーラということは、過去の出来事が約束としてあり、その約束の成就として目の前に起きている出来事を見ることである。それは、過去の出来事についての再発見という認識上の出来事にとどまらない。過去の出来事と出会うことが、取り戻しのきかない固定性のうちにありながら、認識上の問題にとどまらないということが重要だ。がそれは、認識以前にありながらも、認識に向かって進む、前意識的な意図的行為というしかないようなフィグーラの現実化が成立している場合だ。

失敗に終わったと思われる出来事の終末が、過去の約束の成就であったと気づくことは、棚から牡丹餅式に生じるのではなく、約束の遂行という形式で進むことなのである。物語は、記述されたり物語られたりする受動的なものというよりは、自らを作り上げながら進む。そのようなものこそが、比喩的因果関係に相応しい物語様式なのである。

真理が造られたもの(verum factum)だというのは、ジャンバティスタ・ヴィーコのテーゼであったが、真理とは真理へと自らを作り上げるもの(verum se faciens verum)と言ってもよいだろう。人間的真理とは自ら動き、自ら作るものなのだ。幸福や人生の意味や善き人生といったことも同じ構造を有している。

現在のあらゆる瞬間が絶えざる新しい創造であるということは、永遠真理創造説という名前で呼ばれ様々に語られてきた。それは時には、インドのヴェーダーンタ説や、イスラーム教のムータジラ派のなかに、影響関係もないまま現れることがあり、また、刹那滅として表現されることもあった。あらゆる瞬間を創造と見ることも、破壊や破滅と見ることもできる。ベンヤミンは、絶えざる破壊というイメージを時間の中に見出す。そこに彼独自の歴史観が現れる。そのイメージを担う者として「新しい天使（angelus novus）」という概念を持ち出す。

「新しい天使《アンゲルス・ノーヴス》」と題されたクレーの絵がある。そこには一人の天使が描かれており、その天使は、彼がじっと見つめているものから、今まさに遠ざかろうとしているかのように見える。彼の目は大きく見開かれており、口はひらいて、翼はひろげられている。歴史の天使はこのように見えるにちがいない。彼はその顔を過去に向けている。われわれには出来事の連鎖と見えるところに、彼はただ一つの破局《カタストロフィー》を見る。その破局は、次から次へと絶え間なく瓦礫を積み重ね、それらの瓦礫を彼の足元に投げる。（ヴァルター・ベンヤミン「歴史の概念について」、『ベンヤミン・アンソロジー』山口裕之編訳、河出文庫、二〇一一年、三六七頁）

ベンヤミンが激しく愛好する「新しい天使」は、クレーの絵に描かれて具象化したが、ベンヤミンの心の中には常に飛翔し続けていた存在者だ。

カバラ〔中世ユダヤ教の神秘説〕が物語るところによれば、神は毎瞬無数の新しい天使を創造しており、これらの天使たちのおのおのは、もっぱら、神の玉座のまえで一瞬神の讃歌をうたっては無のなかへ溶け去っていく定めにあるのだという。（ヴァルター・ベンヤミン「アゲシラウス・サンタンデル」、『ベンヤミン・コレクション3　記憶への旅』浅井健二郎編訳、久保哲司訳、ちくま学芸文庫、一九九七年、一二～一三頁）

この「新しい天使」とはベンヤミン自身のことだ。自分の人生と、人類の歴史をも重ねて見ている。瞬間ごとに生まれ、役目を終えて消滅していく天使。我々ははかないだけの、暴力性の犠牲となって没落していくだけの存在なのか。いや、我々もまた一人一人が新しい天使でもある。

ベンヤミンは、地上的なものは幸福のなかに没落を追い求めるとしながらも、同時に没落は、幸福のなかにしか見出せないように定められていると捉える。没落と幸福の表裏一体性こそ、緊張感を持った歴史観につながる。それだからこそ人間の内面には「メシア的力」、苦悩・不幸が経験されることになる。ベンヤミンの考える「メシア的なもの」とは例外状態のことである。

世俗的な歴史観において人々は幸福な状態を目指すものだが、この世界には別の方向に向かい、神秘主義的な歴史観に基づく、メシア的な力の緊張を表す方向性がある。世俗的な方向性は、キリストが十字架上の磔刑を目指すものとは異なるものを志向する。人間の個々の心には、直接的なメシア的な力の緊張が現れ出る場合があり、苦悩という意味での不幸が経験される場合がある。不死性へとつながる宗教的な回帰には、没落の永遠性へと通じる、ある現世的な回帰が対応している。これは、常にはかなく消え去っていく形象としての「新しい天使」に対応する。

没落と不幸と苦悩、それはベンヤミン自身が人生の中で感じていたことかもしれない。十字架上のイエスのイメージも反映しているのは確かだ。だが断固としてベンヤミンは天使にこだわる。そして、それが新しい天使として、表象空間に投影されるとき、事実を表現するだけのものにとどまりはしない。

あの天使自身もまた、鉤爪《かぎつめ》と、尖った、いやまさにナイフのように鋭い翼を持ちながら、視野に捉えた者めがけて突進して行くようなそぶりは見せないのだから。彼はその者をしかと注視している――長いあいだ。それからひとはばたき、またひとはばたきと、だが断固として〔その者を注視したまま〕後ずさりしていくのだ。なぜ？　彼がやってきたあの道、未来に続く道を辿って、その者を引き摺っていくために、である。この道を彼はよく知っているので、進行方向に向きを変えることなく、自分が選んだ者から目を逸らすことなく、どこまでも後ずさりの姿勢のままこの道を辿っていくのだ。彼は幸福を欲している。その幸福とはある対立、そのなかでは、一回限りのもの、新しいもの、まだ生きられてはいないものの恍惚が、反復（Nocheinmal〔もう一度〕）の、再び所有することの、すでに生きられたもののあの至福と共存しつつ拮抗し合っている、あの対立なのである。（「アゲシラウス・サンタンデル」、『ベンヤミン・コレクション3』、一四～一五頁）

この新しい天使がいかなる天使なのか、その素性を解き明かしたのが、ベンヤミンの思想的親友ゲルショーム・ショーレム（一八九七～一九八二）である。上記の一節は、「アゲシラウス・サンタンデル（Agesilaus Santander）」というタイトルに秘密が隠されている。ショーレムは、「ヴァルター・ベンヤミンと彼の天使」(一九七二年)において、これが「サタンの天使(Der Angelus Satanas)」のアナグラムであることを看破した(ゲルショーム・ショーレム「ヴァルター・ベンヤミンと彼の天使」丘澤静也訳、『現代思想』一九七五年五月号に邦訳所収)。「サタンの天使」は破壊する天使であり、残虐な天使なのだ。カバラの秘術の一つテムラーとは文字置換法で、文字を並べ替えて新しい単語を作るのだが、彼ら二人の間では自明の技術である。

重要なのは、ここに破壊のビジョンだけが示されているのではないということだ。メシア的時間、救済のイメージも示されているのだ。「神学的 - 政治的断章」というメモは、短いながらもベンヤミンの核心が現れた文章だ。

この永遠に滅びてゆく現世的なもの《フェアゲーエント》のリズム、その総体において、空間的にも時間的にもその総体において滅びてゆく現世的なもののリズム、すなわちメシア的自然のリズムこそが、幸福にほかならない。(ヴァルター・ベンヤミン「神学的 - 政治的断章」、『ドイツ悲劇の根源』下、浅井健二郎訳、ちくま学芸文庫、一九九九年、二二五〜二二六頁)

きわめてベンヤミンらしい発想だが、このメシア的自然のリズムこそが、幸福にほかならない、という。というのも、自然がメシア的であるのは、その永遠にして総体的なはかなさ（滅ぶべく定められてあること、無常）ゆえ、だからである。

この破滅的な幸福感は、単なる生（das bloße Leben）という概念との結びつきが強い。この「単なる生」は、アガンベンが「剝き出しの生（la nuda vita）」として受け継いでいる。ここでも「剝き出しの生」と呼ぼう。「剝き出しの生」は、法的な保護もなく、犠牲として捧げることもできない、ホモ・サケル（聖なる人）において現れる。政治という暴力性が、人間から保護や防御をすべて取り払った、生きているとも死んでいるとも言えない非存在性の塊、路傍の塵芥の境位である。「単なる生」、「剝き出しの生」とは、公的権力によって生命も財産も保護されていない状態だ。それらは眼差しを向けられることもなくはかなく消え去っていく運命にある。それらは、瞬間ごとに消え去っていく「新しい天使」のイメージを担っている。しかしそういったものこそ、小さくはかないように見えて、「メシア的な力」の瞬間ごとの現れであり、輝きなのである。瓦礫の中で人類に救済の物語を語ることは、大友克洋、宮崎駿、庵野秀明たちが追い求めてきたイメージなのだろう。巨大な闘争機械に託すか、女性のイメージに託すか、道は分かれるとしても。

ここで、アウエルバッハが語ったフィグーラと構図が重なる。過去はある秘められた索引をともなっており、その索引によって過去は救済へと向かう。現在の瞬間の中に、過去の約束を探し出すための索引を見つけることが大事なのだ。

かつての世代とわれわれの世代のあいだに、ある秘められた約束があるということになる。そうだとすれば、われわれはこの地上で待ち受けられていた者なのだということになる。そうだとすれば、われわれの前のすべての世代と同様に、われわれにもかすかなメシア的な力がともに与えられているということになる。(「歴史の概念について」、『ベンヤミン・アンソロジー』、三六一頁)

新しい天使は、出来事の連鎖とみえるところに一つの破局を見る。破局は次から次へと積み重なっていく。破局の瞬間とは、「いまこのとき」によって満たされた時間のことだ。歴史の連続性を打ち壊してこじ開けようとする意識こそが、瓦礫の破局を招来することができる。しかし不思議にも、この破局の姿は、移行ではなく、時間がとまった静止状態でもある。この無時間的に映じる瞬間はメシア的静止の時間でもある。

瓦礫や廃墟の中に壊れて散らばっているものは、きわめて意味のある破片、断片である。目標を正確に思い描かぬままひたすらに断片を積み重ねていくことが、バロック作品の特徴だとベンヤミンは述べる。廃墟という姿をとることにより、歴史は収縮変貌し、具象的なものとなって、舞台の中に入り込んでくる。思考は小さな新しい天使の姿を取り、世界の生きた鏡としてのモナドとして結晶する。

人生において自分とは何かという問いの答えを見つけられないまま、自分という存在者、いや自分を映し出す鏡としての自分自身と出会ってしまったからにはその自分自身を背負い、愛さずにはいられない。〈私〉は〈私〉自身と語り合い、付き合い続ける限りで〈私〉である以上、〈私〉は〈私〉を投げ出すわけにはいかない。〈私〉が〈私〉を担わなければならないという内的な必然性は、偶然性の徹底的暴力性を乗り越えるための贈り物でもある。さもなければ、偶然性の暴虐を乗り越えることもできない。人生という瓦礫の山に抗する力はどこから得られるのか。現在における眼が過去の鏡から得ることもできる。過去の約束はプロットを見つけさせてくれる。

この私の人生に隠れているプロットは何なのか、そんなものはないのではないか。この宇宙の創造計画などありもしないと考えればそう思うのは当然だ。宗教を前提にしなければ世界にプロットはないと言ってしまうのか。プロットとは、時間との関係における意味や価値が時間との間に交わした契約から生じるものであり、それがフィグーラに徴として見出される。

現在という短い瞬間の中に、墜落する危険な契機がある。深い谷川にかかる丸木橋も下を見なければ、こともなげに容易に通り過ぎることはできる。そして多くの人は渡りきり、振り返ることもない。目の前にその深淵を凝視し、立ち竦み、逡巡の後の試みの中で戦慄のあまり墜落する人もいるかもしれない。その人は、気弱すぎたのか。そうではない。ベンヤミンが好んだヘルダーリンの詩「パトモス」に「危険のあるところ救う力も育つ」という一節がある。刹那に潜む危険は同時に救済の契機にもなるということは、大事にしなければならない。絶えず崩れ落ちていき瓦礫の山として映じている光景においても、過去の約束から未来における成就へと結びつく、廃墟の上に架けられた橋がそこにはある。

過去と未来を渡す橋

過去の取り返しのつかない失敗に人は心のやり場を失い、胸をかきむしりたくなる思いに駆られる。とはいえ、後悔は存在してしまった過去の出来事を非存在に変更しようとする心の動きではない。

亡くなった人を思い浮かべ、もう一度会いたいという思いは、そう強く思うことが再会を可能にすると信じてのことではない。人は追憶に耽る。不可能と知りながら、人は過去を何度も何度も思い起こしてしまう。

起源を問うことは、過去を復元するというより、追跡可能性を見出すことかもしれない。追跡可能性をたどることは過去に向けられた後ろ向きの思索ではない。病気の感染源を追究することが、時間を逆転させることではないのと同じだ。起源に向かう追跡可能性を示すことは、現実における様々な問題の原因を示すことであり、未来に向かって歩み方を考えることだ。

哲学は、原理や原因というものを探求してきた。それは可能性の条件に遡及することだ。そのために、目の前の具体的な問題の解決を一時的に後回しにする。焦って結果を求める者はそういうことを無用のことと捉える。思案に耽っているだけのように見えるから。しかし、哲学は世界から逃避する行為なのではない。迂回しているだけだ。世界という超越の顕現を目の前にして退いて超越のさまを眺めるのは、考えないで前に進むことの危うさを知っているからだ。

未来は過去の出来事の後始末をつけるためにあるものではない。未来は過去の召使いではない。「因果応報」という枠組みがある。過去の出来事の報いが現在において現れていることだ。その枠組みでは、過去に優先性が割り振られている。現在において善い出来事は過去の善い行為の報いであり、現在の悪い出来事は過去の悪い行為の報いなのだということになる。なぜ過去は未来を支配できるのか。

そのような原因と結果の対応関係を目指すことは、懲りもせず同じ過ちを繰り返してしまう人間のための警鐘なのだろう。因果応報で繰り広げられる人生というのは分かりやすい。

しかしながら、時間の方は、人間行為の倫理的改善のために、原因と結果という連鎖を持っているわけではない。時間は人間の行為に意味を与えてくれる世話役ではない。道筋が担う「意味」は岐路によって大きく分かれていく。時間は岐路において道祖神のように旅人を見送る。どちらに進むべきかを教えることはない。

私が学生の頃、実存主義が流行っていた。サルトルとカミュが二大スターだった。カミュは「シーシュポスの神話」という断片で、巨大な岩を山頂まで独力で持ち上げ、山頂に届くとその岩が突き落とされ、それを再び山頂に持ち上げ、また突き落とされるという神罰を蒙ったギリシア神話を持ち出し、人生もまたそのようなものだ、と結論づけた。ニーチェの「無が永遠に」というニヒリズムも流行していた。

だが、私自身はそういった話を聞いて、深い無の淵に突き落とされ、無-意味に苦しむ状況に陥りはしなかった。悲観主義や厭世主義の本を読んでも心が絶望感を増やすということもなかった。ニヒリズムの思想さえ虚しく感じた。自分のそれまでの予想を再確認しただけで目新しさを感じなかったからだ。

意味を見出すことができれば、そこに一つの物語を作ることができる。「意味」の哲学的定義など分からなくても、私たちは何気なく「意味」を使いこなすことができる。意味は出来事を結びつける接着剤のようだ。

苦労や苦しみも後になっての成功や幸せに結びつくと、あの苦労も報われたと思うことができる。意味があるということは、報われることが可能になるということだ。意味とは報われるための図式、報われることを可能にする条件のことなのだ。そして、意味の内に収まるもの、意味を与えることができるようなものは予想もできるし、説明もできる。だが、人生には意味がないように見えることもよく起きる。フィグーラは見通し困難な未来を受け止め、現実に我々を根付かせるための器である。逆に言えば、それ程までに人間は意味を求めていると言えるのかもしれない。意味がなければ人間は動けないのだろうか。「意味」をどのように捉えるのか、そしてその「意味」が置き入れられる審級がどのようなものになるのか、それは考えてみるべき大事な問題だ。

「人生の意味」を問う哲学書がこの数年何冊も刊行された。幸福論を読んでも幸福に近づくことはなく、恋愛論を読むと恋愛から遠ざかる、というのは昔から何度も聞かされてきた。人生の意味を問うことの心のあがきについてはよく分かり、共感しながらも、それが本の中に探して見つかるとも思えない。「だったら、なぜお前は哲学をしているのだ?」という問いをぶつけられるかもしれない。バラバラの出来事を、一つの流れに取りまとめるのは「意味」の機能だ。D・ヒュームが因果関係を宇宙の接合剤（cement of the universe）と捉えたように、「意味」は人生の接合剤だ。

「意味」は概念化できることが多い。だから言葉に乗り、他人に伝えることができる。しかし概念化できるということは、考える本人に「分かった」という気持ちを与えてしまいがちだ。「分かる」ことに特定化した思考は危うい。「分かる／分からない」という区分は、意識における審級の問題だから。意識に上りにくくても、したがって言葉になりにくくても、人間を突き動かすものはある。概念ということは、理知的な次元で意味を担うことはできても、満足や成就といった感情情緒的なものを掬い取ることに得意ではない。

たとえば、おいしさや喜びは言葉にはなりにくい。コンサートでの楽器の響きに感動するとき、「分かる」という思いは余計だ。そのとき心は意味を担うという仕事を免れている。「なぜ」という問いによって苛まれることがない。

「なぜそうするのか」と人が問うとき、その行為の意味や目的を答え、それを達成することで報われるということがある。意味の道筋が現れる。苦労のし甲斐も出てくる。だがそのとき、本人は意味の囚われ人になっている。

おいしさや喜びが報われる必要がないのは、それ自体において報われているからだ。苦労は報われないと気が済まない、と人の心には筋道が刻みつけられている。

哲学者のライプニッツは、若い頃（二三歳頃）、次のように書いている。

夢を見ていることと目覚めていることとの違いは、僕たちが目覚めているとき、すべての事柄は、少なくとも隠されたしかたにおいてであろうと、最終目的に向けられていることだ。しかし、夢を見ているとき、事柄全体への関係は見られない。だから、目覚めていることは、自分自身を取りまとめていること、次のことを考えていることだ。つまり、「なぜここにいるのか」「わが身を自覚すること」。現在の状態を、残りの人生、または自分自身と結びつけること。こうして、夢を見ている経験と目覚めている経験とを区別する規準を手に入れることができる。自分が目覚めていると確信できるのは、現在の場所や状態にどうしてたどり着いたのかが分かっていて、現れている事柄が、相互に、そして先に起こった事柄との適切な結合関係が分かっているときだけだ。夢見ているときには、こういう結合関係があっても気づかないし、たとえなくても驚きはしない。（ライプニッツ「夢と覚醒について（De somnio et vigilia）」、『アカデミー版全集』第六集第二巻、一九九〇年、筆者訳）

ライプニッツは「目的を考えよ」と語った。あれほどの天才だったライプニッツも若い頃は普通に人生論的な悩みを抱え、「なぜここにいるのか」という警邏《けいら》の者が使っていた誰何の言葉を自分自身に当てはめ、モットーにしていた。目的や意味に悩んでいたのだ。「人生の意味」を問う哲学書をライプニッツも求めていたのだ。

ライプニッツは、この考えを発展させていって、哲学思考の二大原理の一つとして「理由のないものはない」という充足理由律を考えていった。もう一つの原理は矛盾律で、永遠真理の原理とされた。彼はこの二つの原理がこの世界のすべての真理の基礎にあると考えた。ライプニッツの合理主義者の側面がよく出ている。とはいえ、彼も意味を閉じたモナドの中に探したのではない。

宇宙や自然を語りながら、人は自分をも語る。ヘンリー・ソロー（一八一七〜一八六二）は『森の生活（ウォールデン）』——私がとても好きな本だ、山形での山奥の生活と重なるから——において、森と川と自然を語りながら、同時に自分自身を語っていた。自然そのものを語りながら、人は自分自身を語ることができる。雨の音も川の流れも自分自身ではないのか。

ライプニッツのモナド論は先に触れたが、モナドは独立し、他のモナドからの物理的影響を被らないという論を立てた以上、モナド相互の対応関係は、神があらかじめそれぞれのモナドが対応するように設定していたからだという予定調和説を帰結する。そういう予定調和説をおとぎ話と語った哲学者（B・ラッセル）もいるが、無邪気にそう考えていたわけではない。各個体が自らの特異性を発揮することで自分の存在を展開しているが、そういう個体的作用のものの中に普遍性を宿していることを示す試みでもある。個体たるモナドが、無限に多くのモナドからなる宇宙を表現することで個体性を実現することを示すモデルであり、それこそ彼のモナド論なのである。個体性は普遍性を宿していなければそもそも個体たり得ないのである。ここにおいて、自分語りと存在語りとは重なりうる。

人間とは岐路だらけの細い道を一人で歩き続ける旅人のようなものなのだろうか。そして、選んできた岐路を振り返り見ながら、戻れぬことによる慚愧を一つ一つ積み重ねていく過程なのだろうか。

自分を捨てようとせず、自分を保とうとしたうえで、世間の中で一人前として生きていることに、「自分とは何か」への答えとなるものが見出されるのか。

自分にのみ属する固有なもの、独特なものを「私性（プライヴァシー）」と人々は考えてきた。その「私性」は「宝箱」のようだ。子供のときに多くの人が作る「宝箱」は、人から見たらどうでもよいものでもそこには、誰にも冒されてはならない秘密のものが数多く守られている。自分の内側の最も奥のところに「私性」があると考える人が多い。しかしながら別の方向で考え、外部に茫洋として広がる海や自然や宇宙を自分自身として捉える人々も昔から多い。インドのヴェーダーンタ説も仏教も「梵我一如」を真理としていた。〈私〉とは内側に存在するものではないという感覚は大事だと思う。

〈私〉ということが勝ち負けによって手に入れられるものではなく、そして子供の「宝箱」の秘密の品物でもないとしたらそれはどこにあるのか。シェアし合うものにある、という考えもある。

シェアし合うものについて勝ち負けはない。意味とはたくさんもっているがゆえに勝負に勝てるようなものではなく、シェアするものではないのか。

哲学をシェアすることはできるのか。感情をシェアすること、それは音楽で実現しやすい。涙とは感情がシェアされていることの徴ではないのか。シェアを「分有」と訳すと事柄から遠ざかる。踊りながら、唱いながら人々はシェアし合う。シェアし合うものが何であろうとよい。

シェアしやすい形式を、人は遊戯と呼んできた。アゴン（競争）、アレア（骰子《さいころ》、博打）、ミミクリ（模倣）、イリンクス（眩暈《めまい》、舞踏、祈り、宗教）。スマホが普及し、SNSが流行し、シェアすることの可能性は増えているのに、シェアしていることは増えていないような気もする。共有し合うものは、他の人々に移っていく力が強い。走ることでもバーゲンの商品を買うときでも競争するとき人々は無我夢中になる。ギャンブルするときもそうだ。

なぜあれほど人々は、合理的に期待値を計算すれば必ず損するはずの行為にはまり込んでいくのか。他人を模倣し、そして模倣を自分自身に隠して嫉妬に入り込んでいくのか。嫉妬とは隠された模倣でしかないのだ。そして、眩暈は目的連関や効用や価値や意味に換言されないものを目指す行為だ。自己目的と言ってもよい。

眩暈の対象は、それ自体では大した価値を持たない象徴的なものであっても、それがなければ儀式も人生もフェスティバルも成り立たないものだ。共有され、目指されてあることでリアリティを有している。そして、この対象が逆に共同体や個人の生命に意味を与えたりする。

共有されてリアリティを有するもの、それを共同幻想と呼んで、あたかも幻の如く捉えてはならない。共有されたる限りでのみ、物質的な存在、質料的な存在よりもリアリティを備えているのだ。動物には質料的な事物こそリアルであろうと、象徴的動物である人間は別のリアリティの中で生活することを生存環境とした生物のはずだ。

音楽は感情、いやもっと根源的なものをシェアするためのもっとも基本的な形式なのだろう。シェアし合うということ、シェアし合うという形式が大事なのであって、コンテンツが大事なのではない。碇シンジが使徒たちと戦うとき、その理由も意味も分からないまま苦しみながらその任務を続けるとき、使徒を倒すという目的をレイやアスカと共有（シェア）できるとき、意味がないとしても戦うことができる。そして、この共有するという形式が、新しいものを受けとり収めるための器となりうる。

未来は現在において非存在という形式を有している。未来という非存在が現在において生きる精神の中に結晶として形をなすために、概念に形を与えるシステムが必要だ。このシステムの一つとして、フィグーラということが成り立つのだ。

非存在は単なる無ではない。小さな願いであれ、今の姿においては非存在であっても、未来への志向性は自己成就の力を有している。未来はそれを迎え入れ、受け入れようとするときに、未来の方から近づいてくる性質を持っている。過去と未来が交感し合うような時間の弧、アーチが緊張をもちながら成り立っていて、その中で〈私〉という存在は立ち現れてくると思う。〈私〉とは過去と未来を渡す橋のようなものだ。しかも一人のみの〈私〉からなる橋ではない。

共有されることでのみ成り立つ橋なのだ。現在から過去に向かう力と、現在から未来に向かう力とがテンションを形成する。現在に位置し、両方向を結びつける〈私〉とは、張り詰めた緊張をもつ何本もの弦からなる橋なのだ。

自分への約束、未来への約束

「これは――僕と彼女だけが知っている、世界の秘密についての物語。」、映画『天気の子』の宣伝文句にはそうあった。世界の秘密って何だっけ?

あの映画は、「彼女がいるかぎり、僕はこの世界にしっかりと繋ぎとめられている」と感じるための物語だった。世界とどのように関わるのか、関わるべきなのか、いや関わりたいのか、そこに「セカイ系」ということの課題がある。セカイ系とは、最終的には関係の問題なのだ。そして、倫理ということも関係の問題だ。これは確かなことだ。「善とは何か」、それは見せかけの問題でしかない。スピノザが善を「理虚的存在」と断じたのはそのことだ。この関係という要となる事柄を倫理から取り除いてしまうと、倫理はボロボロに壊れ、溶け落ちていく。

世界とは、事物の集合というより、関係の網の目だ。「人間はさまざまな関係の結び目だ」とサン＝テグジュペリは語った（『戦う操縦士』鈴木雅生訳、光文社古典新訳文庫、二〇一八年、二一一頁）。人間が関係の結び目であるとき、関係がなければ結び目も成り立たない。ギリシア以来、哲学は実体が自存するものであって、実体と実体の間に関係が成り立つ、関係は実体の後に来ると考えてきた。でも、人間が関係の結び目であるとすると、それ自体では本質を持たない。世界にデビューしていない人間は結び目でもなく何ものでもない。

先に三位一体を説明した際、「自存するものとしての関係」に触れた。確かに、関係だけが自存することは普通は考えにくい。AさんがBさんの左にいるとき、AもBもいなくても「左」という関係が自存したり、AがBを愛するときに、AもBもいないのに愛だけが存在していると考えることは難しい。しかし、世界が関係の網の目で、網の目を作る結び目が人間であって、その人間が絶えず交替し流動変化している光の格子構造のようだったらどうなのだろう。愛や友情や正義や平和というのは、流動する世界の中で残るリアルではないのか。

サン＝テグジュペリは『星の王子さま』で有名だが、彼が操縦士という仕事に命を懸けたことは案外気づかれないままだったりする。彼の『戦う操縦士』は感動的だ。『エヴァンゲリオン』シリーズの碇シンジ君に読んでもらいたいと思う本だ。

生きるというのは難しい問題だ。人間とはさまざまな関係がひとつに合わさる結び目でしかない。それなのに私をつないでいるもろもろの絆は、もはや大して価値のないものになってしまっている。（『戦う操縦士』、一二三～一二四頁）

サン＝テグジュペリは戦争の状況下で偵察飛行任務を命じられ、敵機による撃墜の危険性のある中で思索を重ねる。飛行士と作家、普通だったら大きくかけ離れた二つのことを彼は結びつける。彼にとって空を飛ぶことと書くことはまったく一つのことなのだ。

平和な時であれば結びつき意味をなしていたものがすべて崩壊し瓦礫になってしまっている。ベンヤミンが見たような現実のビジョンがここでも現れる。母国の敗北という全面的崩壊の中でなぜ命がけで偵察飛行に向かうのか。そこで現れてくるのが人間は様々な関係の結び目であるというビジョンだったのだ。激しい集中砲火の中でいつ墜落するのか分からない状況で彼は自分という存在の意味に遭遇する。「その意味とは、義務であり、憎しみであり、愛であり、誠実さであり、発明である。それ以外のものはもう自分のなかに見出せない」（同書、二〇八頁）。たとえ死ぬとしても自分を失うのではない、自分を見出すのだと語る。自分という存在の意味が懸けられているとき、身体の問題以上の大切なものが現れてくる。自分が結びつけられているもの、それだけが重要なのだ。

それは新たな自分自身に生成変化するために必要なものだった。本当の愛とは、激しい感動を伴うものというよりは、たえず新しい自分を作り出すことを可能にしてくれる、複雑に絡み合った絆としての愛なのだ。サン＝テグジュペリはそう語る。命を懸けた偵察飛行から帰ってきた彼は新しい自分に変わったと感じる。その興奮と高揚の中で、絆としての愛、しかも感情の高鳴りをもたらすような愛ではなく、日常性の中に織り込まれ、気づかれにくいが守り包んでくれているような愛の意味、ハビトゥス（習慣）という関係の網の目に心が至る。

糸と糸をつなぐ結び目のようなもの、糸が関係であってその結び目が人間・主体であるとしたら、関係（糸）がなければ結び目は消えてしまう。ここにも一つの「世界の秘密」がある。そして、セカイ系が関係と絆の実在性を重視する思想形態であるとすれば、そこで重なり合う図柄が現れてくる。

「自分探し」において、自分ということを関係から切り離された実体として夢想することは何か勘違いして歩みを始めてしまっている。しかも、関係だけで話は済まない。何者かとして作り上げようというのであれば、筋道、物語が必要だ。過去から未来に架けられた橋として、現在の自分を構成するしかない。過去と未来を結びつける物語がなければ、現在はぽっかりあいた穴のように、〈私〉をどこまでも突き落とす奈落になってしまう。奈落が架橋されるために必要なのが、関係であり、絆なのだ。他者との絆、過去と未来との絆、それらは網の目を構成する。網の目が蜘蛛の巣のように体を絡め取る犠牲の場にならないためには、網の目を泳いでいくハビトゥスが必要だ。

過去に想定される物語と未来に展開される物語を結びつける結び目として現在の私＝「今ここに立つ〈私〉(ego nunc stans)」がある。解けた結び目を再び結び目として成立させるためには、新たに別の糸（関係）が必要なのだ。関係を見出すことを世界デビューという。「ボーイ・ミーツ・ガール」ともいう。先行して存在している関係（間柄）は、異性間の関係である必要はない。二郎系ラーメン店のコンプリートでもよい。目的として設定された事態はその事態のコンテンツがいかなるものであれ、その目的への〈私〉の関係、たとえば約束、願掛け、決心、理想などが立てられ、その宣言が他者に対して、いや自分だけでもよいが語りかけられるとき、絆が成立し、それが世界の網の目を構成していく、つまり、出来事・事態が関係としての資格を有している。

世界についての秘密は、性的な隠微な事柄のように、隠されてあるようなものではなく、手前にあって誰もが見えることなのに、気づかれないような仕方で、隠されてあることが隠されているがゆえに見えないものとしてある。存在概念のように。最も自明なものこそもっとも隠されたものでもある。

一九六〇年代も七〇年代も、高度成長の中にありながら、人々は格差や公害や核戦争の予感に脅かされ、怒りと恐怖に塗れた状態で生きていた。だから、マルクス主義が隆盛し、学生運動も激しかった。反戦の気分やロックの流行は大人たちへのプロテストとしてあった。そういうプロテストしていた若者たちがプロテストされる立場になってしまい、世間を守る存在である体制派として生きている。若者は大人たちに反抗し、そしてそういう若者もいつか大人たちになって、反抗される立場になり、それが繰り返されていく。「夜明けは近い」という歌のフレーズがあったが、夜は明けなかった。しかしだからといって、瓦礫と敗北に陥る現在という時間を絶望することはつまらないことだ。

ベケットは『ゴドーを待ちながら』という戯曲を書いた。ゴドーがすぐに来るという知らせを受けながら、いつまでも彼が現れることなく、来ない彼を待ち受けるということ、それはキリスト教が担った課題であり、成就されない約束を待ち続けることで、キリスト教は自己同一性を確立し、存続してきた。成就されない一つの約束を皆でシェアして待ち続けることで、宗教としての統一性が生み出され、信徒に一体感が生まれる。そしてその一体性、文字通りキリストの神秘的肉体としての教会の一員となることがキリスト教信仰の中心なのである。そしてその秘儀を繰り返し確認するのがミサ（聖体拝領）なのである。約束の果たされる可能性が可能性のまま永遠に維持され続けること、それが約束破りとしてではなく、約束の成就としてあり続けること、そこに決定的な課題があり、そういう約束のあり方を守る構図が、フィグーラということだった。

フィグーラとは、乖離する過去と未来を媒介するために現在の瞬間において架けられた約束としての橋なのである。絶望越えの橋なのである。他者との関係性としての絆と、過去と未来を結びつけるものとしての希望という絆、これら二つの絆・関係がなければ、すべては瓦解し、絶望だらけの瓦礫の荒野が広がるだけになってしまう。

『天気の子』が、「大丈夫」というセリフで終わったことに対して、安直な現状肯定ではないかという批判もあった。瓦礫の中での絶望こそ、我々が現実から学び取るべき教訓ではないかという発想がそこにあったのか。セカイ系は概して現実社会から遊離したオタク的な世界観であるという批判がある。しかし、セカイ系とは現実逃避なのか。「君も早く大人になりなさい」と説教する宴会オジサンの繰り言は似合わない。

「天気なんて、狂ったままでいいんだ！」「大丈夫」「世界なんてさ——どうせもともと狂ってんだから」というセリフに対して、環境を改善しようというエコロジカルな問いがないと批判されたりした。これはどういうことなのか。道徳的に正しいことを込めて世界を改善するという効果がアニメには期待されているのだろうか。倫理的忖度アニメ、そういうジャンルができたとして喜ぶ人は多くなさそうだ。

物語のストーリーは倫理的な教訓としてあるのではなく、何ものかを基礎に据えて、別のものを築くためにあるのかもしれない。或るストーリーの要点が明確なものになってくるのは、当のストーリーを「たとえ話」にしている「主題」を見つけることによってなのだ。社会に出て働くことを、桃太郎が鬼ヶ島に出かけることになぞらえたり、老人の無残さをリア王になぞらえたりするための「主題」なのだ。主題は、正義のための戦いと戦果の獲得、老齢の中での失墜と病気と孤独だったりする。それらは、カテゴリー化できないような茫漠としたプロット構造を持っている。

アブラハムによるイサクの奉献と、神によるイエスの十字架刑との間に、祝福と救済のプロットを発見できる者が、キリスト教の精神に適った人々だ。

そういった元型プロット——ノースロップ・フライは「前総称的なプロット構造（pre-generic plot-structures)」と呼んだ——は、フィグーラの中に発見される。そのフィグーラこそ、未来への約束となる。予め与えられているというにはほど遠い、茫漠とした筋道でありながら、幼子がたった一度でも一人でうまくお買い物ができたということが、普遍的な物語の一般性の起源となるポテンシャルを備えているのかもしれない。それをフライは元型プロットと呼んだ。

フィグーラとは比喩的因果関係であり、結果の方が自らの意味を探求して、過去の中に自分の起源・ルーツを探すこと、時間の流れにおいては逆行が生じていて結果が自らの原因を探すのである。アウエルバッハがあれほどこだわったフィグーラという図式は、キリスト教の根本として据えられた救済の物語が、未来への希望と約束という契機を含むことに根ざしていた。救済とは過去の行為に対する報償にとどまるものではない。贖罪＝救済というプロット構造＝約束の成就というよりも、たえず更新される成就の約束なのである。約束は常に繰り返され、反復され、その限りにおいてリアリティを持つものであるという思想がそこにはある。

決して実現されない目標において、その成就されないという形式が、その成就の約束となる。

先に起きた出来事を後に起きることがらの解明に使いうるのは、後に起きた出来事が先に起きた出来事を成就している限りにおいてだ。

現在という時間は、過去と未来へと向かう二つの顔を持ったヤヌス（双面神）としてあり、過去に向かって約束を探し、未来に対して約束を成就しようとするコナトゥス（衝動）としてある。物語とは、過去と未来の双方に同時に語りかける「我語り」なのである。〈私〉とは、過去の〈私〉から送り届けられた約束を守り続け、未来の〈私〉において成就されるべく送り届けるメディウムであり、その機能を果たしうるには、「自分探し」というプロットを自分の人生に設定できなければならない。

プロットタイプには、悲劇的、叙事詩的、喜劇的、ロマンス的、アイロニー的など様々なものがあるが、そこに「自分探し」というプロットタイプも書き加えられるべきだ。初めて出会ったものでも、問いの姿が分からないままでも、出会ったときに「これこそ私がずっと求めていたものだ」と確認できるようなものが「自分探し」の基本構造なのである。そのための必要条件が、ヤヌスのような双面神として時間・歴史に向き合うことである。それが比喩的因果関係ということでもあった。過去の約束＋現在の努力＝未来での成就という図式が成立しているのではない。現在が過去と未来の間の荒れ狂う波の上に架け渡された橋として機能しない限り、現実という嵐は嵐のまま存在し続けるだけだ。毎日嵐が吹き続けるだけだ。

荒れ狂う天気の中で、陽菜が人柱になって犠牲になれば、世界は狂っている状態を脱し、正常になる。狂った世界＋人柱＝正常な世界という等式が成り立つのであれば、陽菜と晴天との等価交換が成立し、犠牲・生贄としての陽菜が捧げられることで世界が救われる。しかし『天気の子』は、天気との引き換えに消えた女の子と、天気を荒れたままにしてこの世に戻ってきた女の子の物語とのトレードオフの話なのか。世界の中で生きるとはトレードオフを処理するということなのか。生きるとはそもそもトレードオフの次元にはない、と見極めることなのではないか。徳倫理学において、後悔ということが問題になった。辿ってきた道筋と、辿らなかった道筋の比較衡量と、どっちがよいのかを後悔し続けるということが問題なのではなかった。自分の過去をトレードオフの連鎖として捉え、後悔の嵐の中で揺れ続けることは、未来への船出に結びつかない。

「僕はあの光を追ったのだ。あの光に追いつきたくて、その光に入りたくて、海岸沿いの道を自転車で必死に走ったのだ。（中略）いつかあの光の中に行こう。その時僕は、そう決めたのだ」（新海誠『小説　天気の子』角川文庫、二〇一九年、三四頁）。帆高は島での暮らしにおいて決心し、東京に出てくる。その後に目の前に登場したのは、陽菜から差し入れられたビッグマックの箱だった。

光を求めて、光の世界を求めて、しかしそれも誰かの人柱によって得られた代償としての光の世界ではない。だから狂ったままの世界を求める。大人界の一人須賀は「自分たちが世界のかたちを変えちまったぁ?」「んなわけねえだろ、バーカ。自惚れるのも大概にしろよ」(同書、二八四頁)と口をはさむ。分別によって飼いならされた大人のセリフだ。

「ボーイ・ミーツ・ガール」というのは、少年少女が一時的に夢見るおとぎ話なのではない。絆と関係の発生論的な起源を示すカテゴリーなのだ。初めからは見えないけれど世界に潜在的に書き込まれている刻み目なのである。

羽化したばかりの蝶の姿と同じように、生成途上のはかない弱々しい姿で(in statu nascendi)現れ出るものを、頼りないものとして蹴散らかすことは容易だ。

空に向かって落ちることが可能なのは、愛の重力が空から引き寄せる場合なのだろう。帆高は空に向かって落ちていった。現実の重力に従って、元の現実に戻ろうとする。

分別まみれで醒めた言葉を重ねることは容易だ。しかしそれは大雨のときに希望も一緒に流されていくのに任せることではないのか。存在も流れていく。流れていく様子を呆然と眺めるだけが人生だったっけ。
恋愛とは基本的にセカイ系状態なのだ。功利主義的恋愛でもあるまいし。恋愛するとどれくらい儲かりますか？　と尋ねる人はごく少数派だろう。We're all alone.（ぼくらは二人きり）の気分にある恋人たちは世間のことを考えず、全世界が二人だけの世界になるというのが恋愛状態であり、そこにも恋愛のコナトゥスは働く。世界の中心で愛を叫ぶ、というのは事実の記述ではなく、約束であり、契約なのだ。守ること、成就することができることを〈私〉と世界に対して与えること、そこに約束や契約ということの一番大事な働きがある。

「僕たちは、大丈夫だ」というセリフは世界変革を夢見ない現状維持、現状肯定派の保守的心性の現れなのだろうか。もしくは気候変動による文明崩壊の危機に際して、何もしないままの態度を意味するのか。いや、これは事実を記述しているのではない。恋人たちの約束なのだ。セカイ系は約束の形式なのである。倫理とは世界との関係を取り入れた自分への約束なのである。そこからしか倫理は始まることはない。

終章

セカイの終わりと倫理の始まり

四〇年前のことだ。大学生だった私はヘーゲルの『精神現象学』をドイツ語で読む演習に参加していた。先生は渡辺二郎教授。先生は日本を代表するハイデガー研究者でドイツ観念論の大家でもあった。

ヘーゲルのドイツ語は難しく、参加する学生も多くはない。ドイツ観念論の頂点に位置するヘーゲルのテキストは、特に複雑である。小さな腕時計の中に、細かい精密装置がぎっしり埋め込まれているのと同じように、見極めるためには、近くに寄って、拡大鏡を装着し一つ一つの精密な機械の仕組みを識別しなければならない。そして、機能を理解できる者だけがそれを扱うことができるのだ。精密な概念装置を扱う精妙な能力こそ、哲学だという雰囲気が哲学科にはあった。

難しいとか役に立たないとか、そういう野次馬的で「酸っぱい葡萄」的な言葉が意味を持ちえない重い空間がそこにあった。苦難を乗り越えてこそ真理に近づけると考えられていた。重すぎる伝統を継承する石造りの荘厳な気配に押しつぶされて、私は喘ぎながらテキストを読んでいた。

ヘーゲル演習の参加者には担当箇所が割り振られる。私に割り振られたのは、「快楽と必然性」という章だった。ヘーゲルの哲学の中で、快楽と必然性がどう結びつくか、二〇代前半の田舎から出てきた不器用で世間知らずの若者に理解できるはずもない。まさか、『シン・エヴァンゲリオン劇場版』に結び付いているとは夢にも思わない。無関係に見える遭遇は何者かの配慮だったのかもしれない。たぶん、哲学とは密林の中での予想しない他者との遭遇に始まる。そして、交わされた声が始まりの合図だ。

担当したところのドイツ語原文に悪戦苦闘して、仏訳と邦訳を暗記するぐらいに繰り返し読んだ。ヘーゲルをちゃんと読んだのはあの箇所だけだと言ってよい。その箇所の記憶はまざまざと残っている。

当時の著名な邦訳といえば『精神の現象学』(上下二巻、『ヘーゲル全集』第四・五巻、金子武蔵訳、岩波書店、一九七一・一九七九年)があったが、歴史的な因縁話があるので、使用することも訳者の名前を出すことも絶対にできなかった。煉瓦と石でできた冷ややかな重厚な建物は存外生臭い空気が巡っていた。

「快楽と必然性」には、「快楽《けらく》と必然性《さだめ》」とルビが振ってあった。学生たちは、「けらくとさだめだよ!」とルビを読み上げ、「おーっ」と呻いていた。誰も知らないこととして授業は進む。

ヘーゲルの『精神現象学』は翻訳であっても大学生には途方もなく難しい。たとえば「自己意識は生のうちに躍りこんで、自分が登場するさいに具えている純粋な個体態を実現へともたらす」（『精神の現象学』上、三六三頁）という文もその意味は全く分かりもしない。まして、そのドイツ語原文である。そういうテキストが数頁続くのである。そういう難解なものが原文で読めて分かれば、新しい一歩上の段階の自分になれるのではないかと思い、哲学科に入って、難解な哲学書を読もうとする者は多い。私もその一人だった。

空気が吸いにくい雰囲気の中で『精神現象学』のドイツ語原文は読まれていった。「快楽と必然性」の箇所は、ゲーテの『ファウスト』を下敷きにしていて、快楽とはグレートヘンとの恋愛を意味していて、個別者としての自己意識は快楽において自己実現を獲得したと思うが、それは自己意識としては必然性に飲み込まれるので没落に陥る、ということらしい。

金子武蔵先生の解説には、次のようにある。

現実化にあたって、快楽を求めるのは、理性的な自己意識も最初には個別的だからである。そうして快楽は本来的には男女関係のうえのものであるから、それに耽けることによって断ちがたき絆が生ずるが、これが単なる個別者としての自己意識には全く外的な必然《さだ》性《め》であり、これに出遭って個別的な自己意識は没落する。（ヘーゲル『精神の現象学』上、六九九頁）。

快楽と必然性と没落というのがこの節の要点で、現代でも繰り返される真理がここに描かれている。だが、あの頃の若い学生たちは、高尚な哲学的真理が開陳されているとばかり信じていた。

本に書かれている内容は、言葉は途方もなく難しいが、誰もがつまずきやすく、だからこそ分かりやすい話だ。男が恋愛の競争を勝ち残り、憧れの女性と特別な関係になり、快楽を得ることは、自分を成し遂げる快挙だと考えるが、それこそ、自分を失い、自由を失ってしまうことなのだ。人は自分が望んでいたものを手に入れ、自分の目標を実現すれば、自分を成し遂げたと思ってしまう。しかし、自分を獲得することは、自分を喪失することなのだ。「個体は生命をとったのであるが、しかしそうすることによって、個体が摑んだものは死であったのである」（同書、三六八頁）。

自分の夢を実現することで、死を手に摑むのだ。ある特定の事柄が人生の夢として機能するのは実現していない限りのうちだけであって、実現した途端ガラクタになってしまう。目標を見失い啞然として立ち尽くす自分が立ち現れる。

人生は夢だらけでなければならない。人生が夢や目的に満ち溢れていることが可能なのは、特定の夢や目的に拘束されない場合である。ひとつ実現したら、過去の栄光に縛られず、すぐにゴミ箱に捨てて、新しい夢や目的を見つけられなければならない。固定的に存在しない限りにおいて、夢や目的は存在する。一つの答えがない限りにおいて、答えとして働くのであり、その意味では答えはない。ベンヤミンは廃墟の上に立つ「新しい天使」のイメージを提出したが、それは人生が廃墟であることを示すためではなく、未来との関わり方、未来と約束をどのように結ぶべきかを示すためだった。現在が廃墟として意識に現れている限り、未来は未来としての条件を獲得できる。人生が夢と希望に満ちているというのはそういうことだ。瓦礫を瓦礫のままで維持するのか、未来を受容する器とするのか、それが問題なのだ。

一つの答えとしてとどまり続けるものは、夢や目的としての条件を自分で破壊しているものなのである。自己実現は自己没落なのである。この真理を夢や希望と両立させる術を学ぶことが哲学かもしれない。若い頃には理解しにくい真理がそこにはある。

その後大学院を修了し、新潟に職を得て、家庭を持ち、しばらくの間その地に住んでいた。生まれた場所が隣の山形県であり、雪国であって似ているはずなのに、故郷の近くに戻ったという感覚は全くなかった。そこで知り合いになった人から都忘れの花をいただいた。花が咲くと、「都忘れ」という音の響きに雅な名前を感じながら眺めることがあった。

順徳上皇が佐渡島に流されたときに、この花を見て心を慰め、都恋しさをしばしの間忘れることができたという故事に由来しているという。都に慣れるほど住んでいたわけでもなく、「都忘れ」という名前で感傷に耽るほどの人生でもないのにと、わが心の軽薄さを少し照れくさく感じながら花を見ていた。

忘れることの重要性はなかなか気づかれにくい。暗記することが受験や資格試験やあらゆることに重視され、求められている。記憶や暗記において、AIに敵うはずもない。近世初頭に活版印刷術が普及して、記憶が人間の頭脳から紙の上に移行したとき、文化の担い手の中心が老人から若者に移行した。AIが活躍する時代に、人間の記憶力はどの程度の威勢を保っているのだろう。

忘却は過去から未来に向かっていく場合の重要な能力だ。道元の『正法眼蔵』の「現成公案《げんじょうこうあん》」には、「仏道をならふといふは自己をならふなり。自己をならふといふは自己をわするゝなり。自己をわするゝといふは万法に証せらるゝなり。万法に証せらるゝといふは、自己の身心および他己の身心をして脱落せしむるなり」とある。ここに登場する「自分を習うとは自分を忘れることだ」という論点は、人生論において、最重要なテーゼである。たくさんの倫理学がこの命題に込められている。

自分を実現することは自分を喪失することだ。自分探しとは自分忘れでもある。生から死への推移・変容とは、自分探しと自分忘れが同時に進行していくことだ。自覚的意識を与えられていない生き物は、そのパラドックスを享受することはできない。人間においても、親から与えられた世界観の中で温かく、〈私〉のない状態において生き続けられるものはパラドックスに陥らないまま生きることはできる。

自分の求める快楽を目指して進み、それを思い通りに得られる時、人は自分は自由だと思う。その自由の絶頂にこそ、自分忘れが始まる。

〈エヴァ作品群〉は、個体の立場から見た、内在的視点から見た世界の始まりと終わりの物語なのだ。『シン・エヴァンゲリオン劇場版:||』で「成仏」するかしないか、肯定的に評価するかしないかは、〈エヴァ作品群〉から卒業したいのかしたくないのか、という選択の問題なのだ。

人生において自分探しと自分忘れのパラドックスを課せられ、それを自分なりに遂行することが課題であるとしても、時間が来れば課題達成の負担を免れることができる。エンデの『モモ』に「時間の花」というイメージが出てくる。一人一人の人生が花に譬えられている。「私とは何か」という問いへの答えが、花として表象され、それが「自分忘れ」の花であることが示されているのだろう。

『新世紀エヴァンゲリオン』は一九九五年一〇月から一九九六年三月までテレビで放映された。その年にはいろんな事件が起こった。一九九五年一月一七日は阪神・淡路大震災、三月二〇日には地下鉄サリン事件が起きた。二月の初めに息子が生まれ、私は様々な恐怖に囲まれながら子育てに追われていた。翌年の授業でグノーシス主義を扱い、その授業の中で学生たちと『エヴァ』を鑑賞する時間を何度も持つこととなった。それ以来、しばらく関心が途切れたことはあるが、『エヴァ』の世界に断続的にはまり込んできた。〈エヴァ作品群〉をどう分類するかいろんな考え方がありそうだが、〈エヴァ作品群〉には普遍概念が存在すると考えて、それを〈エヴァ〉と呼んでおこう。

〈エヴァ〉には、心を掻き乱す謎がたくさんちりばめられている。そのために、用語辞典や解読書や解説本がたくさん出されてきた。用語は多数存在し、変化し、新しく登場する概念も多数あるから覚えきれない。不要かもしれないが、話の全体を簡単に復習しておく。

出来損ないの群体である人類を完全な単体へと人工進化させるという人類補完計画が中心軸

としてあって、その遂行組織としてネルフがある。その地下にはアダムが匿われ、アダムの似姿たるエヴァンゲリオンという人造人間が戦いの時を待っている。一四歳の少年少女たちは、エヴァに乗り込み、得体の知れない敵である使徒と戦う。その際、世界に生じる様々な騒乱が主人公である碇シンジの心象世界の要素を強く持っている。庵野秀明は「エヴァの登場人物は全部自分だ」と語ったという。一人語りの世界の側面が強い。

話が人類補完計画に向かって突き進んでいるのか、抑止しようとしているのか、促進しているのか、分からないまま次から次へと新しいものが出てきて、謎が深まっていく。この眩暈が重要なのだろう。

碇シンジの心象世界から抜け出さない限り、理不尽の戦いは終わることがない。世界を終わらせなければ、つまり「みんな死んじゃえ!」という言葉が外界に投射され実現されなければ、苦しみだけの世界は終わらない。「みんな死んじゃえ!」という言葉を実行することが解決なのか。いや、世界に生じていることは理解不能な使徒との戦いではない、それを理解することが世界の大戦を終わらせることだ。それが『エヴァ』の最終話第二五話、第二六話において描かれるはずだった。いや描かれていたのである。それはエヴァ・ファンからすれば裏切りであった。テレビアニメでの第二五話と第二六話が様々に造り変えられ、拡大され、作品群としての〈エヴァ〉が流出論的に成立していった。

アスカが呟いた「気持ち悪い」という一語が、「開けゴマ！」や「バルス」と同じような世界への呪文であり、それがサルベージ（救済）としてあったことを示すために、登場人物たちの言葉を1自己否定語（例：「逃げちゃ駄目だ」「悪いのは誰だ」「だから私を見てェ！」「独りはイヤ！」）、2世界呪詛語（例：「嫌い！　嫌い！　大っ嫌い！」「だからみんな死んじゃえ……」）、3サルベージ・ワード（例：「おめでとう」「気持ち悪い」）と分けてみたくなる。

〈エヴァ〉は、碇シンジ・碇ゲンドウ・庵野秀明のサルベージ・プロジェクトであり、その際、「サルベージとは、彼の身体を再構成して、精神を定着させる作業です」（庵野秀明『THE END OF EVANGELION: 僕という記号』幻冬舎、一九九七年、一三九頁）と謎解きがなされる。

〈エヴァ〉が終わった時、現実に戻ってくるための「サルベージ・ワード」は何か。山口県の宇部市が最後のシーンとして選ばれ、碇シンジの声が少し大人になって（緒方恵美さんの声から神木隆之介さんの声に変わっていた）、真希波マリと手をつないで世界に飛び出していく。サルベージが完了したのだ。世界の終わりとしてではなくて、世界の始まりとして、サードインパクトが起こったということなのか。

エヴァ・ファンが知っているのに言わない前提として、セカンドインパクトが碇シンジや彼の友達の生命が誕生した時でもあったということがある。セカンドインパクトが起こったのは二〇〇〇年九月一三日とされるから、彼らは皆二〇一五年の時点で一四歳。一四歳の少年少女だけが主人公になりうるのは、セカンドインパクトの本質から流出してくる事柄なのだ。そして、サードインパクトとは、「みんな死んじゃえ」と願う心が未来に投影した世界の終わり、人類の終わりだ。そのサードインパクトもまた、次に来る「一四歳」たちの始まりの場面でもある。

世界の終わりを願う気持ちが作り出す「終末」は、閉じた世界からの脱出によって、新しい世界の創造へと変容可能である。〈エヴァ作品群〉が「繰り返しの物語」であるというのはそういうことであり、だからこそ『シン・エヴァンゲリオン劇場版:||』と繰り返しの記号が使用される。

死を求める呪詛が生の始まりを祝福するものに変わってこそ、「人類補完計画」はその名前の正しい意味を担うことができるようになる。

善なるものとして生まれ、善を増やし、善のうちに死ぬことが、多くの人々において容易なことであれば、人類がこの地球上に誕生する必要はなかったのかもしれない。天使たちが創造されればよかったのだから。天使たちではなく、人間が創造されたのか誕生したのか、いずれにしても、理不尽の集合体である人類が生き延びるべく地球に現れたのは、理由があるはずだ。世界にあるということは、妨害と障害と呪詛に塗れることだ。無邪気なままで生きられる人は少ない。

だからこそ、アイロニーやパラドックスが必要になってくる。〈エヴァ〉の分かりにくさは、世界を解釈するためのツールなのだ。〈エヴァ〉のなかには、ファンの心を逆なでするようなセリフが至るところに登場する。アニメファン批判が、同時に庵野秀明の自己批判でもあり、サルベージ・ワードにもなるというのは、世界の捻じれから生じる道筋なのだろう。

確かなものがリアルな世界に何もない（ように感じられる）ためにアニメの中に救いを求めるのは、理解できる。リアルが充実している人を「リア充」というらしい。「リア充、死ね！」という書き込みが2チャンネルにあったという。アニメがハイパーリアルであって、そこにおける充実を求めてしまえば、問題を解決するというよりも、問題を深め、傷を深くする。

確かなものをアニメではなく、哲学に求めようとする者も少なくない。リアルの外部に、生々しく激しく感じられるものを追い求めてしまうのだ。若い頃の私もそうだった。哲学は特別な世界を約束し、招待してくれると思っていた。リアルでだめなら、ハイパーリアルに救いがあると思ったのだ。

先に引用した庵野秀明『THE END OF EVANGELION: 僕という記号』という本は、〈エヴァ〉を考える場合のバイブルだ。奥付の刊行日は一九九七年八月五日。『新世紀エヴァンゲリオン劇場版 Air／まごころを、君に』の公開が一九九七年七月一九日だからそれに合わせて出された本だろう。

アニメ内在的世界から飛び出すための、まごころに満ちた言葉が多数収録されている。今読み直すとまごころだらけで唖然とするほどだ。「いくじなし」「あんたなんかに殺されるのは、まっぴらよ」（同書、一三一頁）といった毒づいた言葉はまごころの言葉だったのだ。優しすぎることは〈エヴァ〉をぶちこわす。アニメを裏切った地点にメタアニメということが姿を現し、リアルが始まる。

メタアニメとは何か？「メタアニメとは、アニメそのもの、アニメのファンたちそのものを問題にしたアニメのことである」（藤田直哉『シン・エヴァンゲリオン論』河出新書、二〇二一年、三五頁）。それこそが『新世紀エヴァンゲリオン』の最重要点である、と藤田直哉は述べる。オタクの実存を描くメタアニメなのだ。

「僕の夢はどこ?」「それは、現実の続き」「僕の現実はどこ?」「それは、夢の終わりよ」(『THE END OF EVANGELION: 僕という記号』、一二四頁)。アニマや夢からの覚醒、これが何度も繰り返される。最終的な解答だ。〈エヴァ〉のオメガが書かれている。

そして、「これは?」「僕だ」「僕って何なんだ?」「僕を他人に見せているかたち」「僕という記号だ」「僕という記号」(同書、一三二頁)という言葉に示されるのは、この本のサブタイトルが「僕という記号」ということにも示されるように、自分という記号の中に成立している世界のことが問題となっているということだ。記号の世界は、いかに生身の世界に接近しようが、生身になることはできない。

覚醒のための言葉の頂点に来るのが、アスカの「気持ち悪い」という言葉なのだろう。「気持ち悪い」というセリフはまごころを込めた言葉で、フィクションの世界から観客を追い出すための優しい呪文だったのだ。

碇シンジには、なぜ戦わないといけないのか分からない。この世に生まれてきたのは、自分の意思によってではない。産み落とされ、生きよと命じられる。そして、訳の分からない敵と戦わされ、自分を探せと強制される。そしてなぜか分からないうちに死んでいく、ようにミッションを背負わされる、自分で望んだわけでもないのに。

「気持ち悪い」が優しいまごころに満ちた言葉であるように、「人生に目的はない」という言葉は優しいまごころの言葉だ。スピノザはそのような「まごころ」にみちた名著を我々に残してくれた。夢のないことが希望であるという当たり前のことだが、迷ってしまえば、残酷すぎる言葉は、真理なのに真理として認められない。スピノザの『エチカ』以上に夢と希望に満ちた本はこの世にはありえないのである。それを論証してしまったスピノザは、元祖エヴァンゲリオンと呼ぶべきなのだろう。

けがをして呻いていて、救急車を呼ぶことが必要な人に向かって「なぜ」を問うのは奇妙だ。人生に対してなぜを問うのはどういう病気なのだろう？　欲望に目的はない。喉が渇いているときに「なぜ私は喉が渇いているのか」を問うものは奇妙な存在者だ。自分はやがて死んでいかなければならない。「なぜ死ぬのか」、それは他の生のためだ。

『ヱヴァンゲリヲン新劇場版：破』の最後のほうで、「この世界の理《ことわり》を超えた新たな生命の誕生。代償として古《いにしえ》の生命は滅びる」、それがサードインパクトだ、とリツコがつぶやく（『シン・エヴァンゲリオン論』、一五五頁）。

セカンドインパクトが世界の終わりではなく、世界の始まりだったことに気づけば、サードインパクトも新世界の始まりとなる。これが無限に続くのだ。自分を習うというのは、自分を忘れるということだった。自分の人生を生きる、自分を見つけるというのは、自分を見失い、忘れることでもある、という繰り返しの物語を多くの人に与えることこそ、存在の海で打ち寄せる波のあり方なのだ。終わりはいつも始まりであり、そうあり続ける。

ブックガイド

西田幾多郎『善の研究』（岩波文庫、一九七九年）

講談社学術文庫など他にも様々な形で刊行されている。どの版でもよい。

日本哲学を代表する基本著作だ。「絶対矛盾的自己同一」という難しい概念が出てくる。頭で考えてしまうと、必ず頭が焦げ付いてくる。そして「難しい、読んでも理解できない」という声を何度も聞いてきた。

でも、この思想は西田が家族の問題で悩み苦しんでいたときに、彼が座禅を積み重ね、日々の散歩と思索の中で、自分自身の内側から紡ぎ出した思想だ。頭で考えて書いた本というよりも、心と肝で書いた本だと私は思う。悩み苦しむ人には、身も体も包み込んでくれる優しさに満ちた本だ。そうでなければならないと私は感じる。

概念や観念を通して理解しようとすると鉄の扉に弾き返されて傷だらけになってしまう。音読すべし。理解しようとせず音読を重ねるべきだ。概念を哲学辞典で調べる努力はあった方がよいとしても、繰り返し音読して、心で感じることが大事なのだと思う。分かる分からないよりも、イメージが浮かぶようになってきたときに、哲学を感じることができるようになる。日本海の砂の浜辺を歩みながら、流木に腰かけて、海を眺めている西田幾多郎の姿、哲学の道を一人で歩みながら、純粋意識や存在ということを、琵琶湖疏水分線の水面を眺めながら思惟している西田幾多郎の姿が脳裏に浮かび、彼とともに思索を散歩することができれば、それでよいのではないか。

『善の研究』とは、読む本ではなく、音読しながら、体でその中を散歩する本なのだ。哲学書は理解しようとする心に対して、牙をむいて襲ってくることも多い。研究者になれば、生きた哲学書を解剖し、標本に切り分け、名前を付け、固定化して、論文という瓶に詰めなければならない。哲学書とは、棚に並べられたものを説明を受けながら眺め、理解するものというよりも、その身をもって語られている哲学とともに生きることを求めるものであったりする。理解のもっと下にある思想の大地をともに歩むこと、それが追求されてもよいだろう。『善の研究』とはその典型的な本である。『善の研究』は読んではならない。分かるな！ それを生きよ。

スピノザ『エチカ（倫理学）』（畠中尚志訳、岩波文庫、一九五一年）

幾何学的な証明の形式をとり、合理的で論理的に書かれていて、これに憧れる人は本当に多い。そして、かならず全員が挫折し、遭難する。やはり、難しいという声を繰り返し聞いてきた。哲学書が難しいとはどういうことなのだろう。頭で読めば、哲学書はどれも途方もなく難しい。

スピノザ自身が、自分の教会から破門され、社会から疎外され、思想も理解されず、孤独に、いや自分自身と喧嘩しながら思索を連ねていった。理解しようと思って読んではならない典型的な本だ。哲学を理解しよう、分かろうとする傲慢な心を木っ端みじんに破壊してくれる名著だ。私も自信を持って言えるのだが、この本はまったく理解できない。にもかかわらず途方もない魅力を持ち、暗闇の中で輝き続け、煌々と光っている。神の定義から始まり、ずっと密林が続き、理解しようとする心は、疲れ果て、必ず遭難する。遭難しないまま『エチカ』を読むことは許される行為ではない。『エチカ』に対する冒瀆である。

第四部の序言を読むと、善も悪も「理虚的存在」だと書いてある。これはスピノザの神や世界に対する祈りの言葉であり、自分自身に対する約束の言葉なのだ。「どんなに悲しくても私は死なない」という約束を自分自身と交わすものは、自分の内奥の入り口を通じて、自分以外のものと出会うことができると思う。スピノザの『エチカ』を最後まで読んでも、全く分からない。突き放された気持ちに襲われる。でも、そこに込められたスピノザのやさしさがふわっと光っていることが見えたら、それがスピノザと出会ったことの徴になると思う。

ドゥルーズ『意味の論理学』(小泉義之訳、河出文庫、二〇〇七年)

心が打ち砕かれてしまう本こそ、哲学入門書としてはよい本だと思う。砕け散った心が再び自己治癒力を取り戻して、元気になろうとするとき、新しい芽が生えてくる。ベンヤミンが「新しき天使」というイメージで語ろうとしたのは、砕け散り絶望した心が再び、いや新しく目覚めようとするときを語ったものだ。このドゥルーズの本も絶対にそうだ。心を打ち砕かずんば哲学書にあらずと私はいつも思っている。私自身、心を砕かれるために哲学書を読んできた。哲学科に入り、哲学書を学び始めた。そして人々はあたかも分かったかのような顔をして、自信に満ち大声で哲学を語っていた。私は自分の理解のできなさに恐怖と戦慄と絶望を感じた。私は哲学に向いていなかった、哲学を学び始めるべきではなかったと本当に何度も思った。しかし、「地獄は一定《いちじょう》すみかぞかし」と親鸞は述べた。私は分からなさの中に永遠にとどまるしかないのである。それが哲学の本質ではないのか。

ドゥルーズの本はすべて分かりにくい。少しわかったつもりになっても、理解した心を裏切り見捨てるように先に進んでいく。にもかかわらず、ファンがとても多い。いや、この冷たそうな、しかし本当は「ツンデレ」なところがファンには堪《こた》えられないのだ。ハイデガー、フーコー、デリダ、レヴィナスなど現代思想のスターは多いが、その中でもドゥルーズのファンは減ることがない。この『意味の論理学』も初めから最後まで理解のできない事柄の羅列である。しかし、読む者の心を引き離さないこの緊張感と魅力は何なのだろうか。私がこの本を勧めたいのは、哲学への関わり方において、心を掻き乱す力ということに目を向けてもらいたいのだ。分からないまま、哲学者の心を感じることはあるのだ。

哲学とは他者にマウントするための道具としてあるものではない。哲学をして、理解できず、挫折してこそ、現れてくるものがある。インドの古代の本である『マヌの法典』には、「軽蔑された者は幸せに眠り、幸せに起き、この世の中を幸せに生きていくことができるが、軽蔑した者は朽ちて死んでいく」とある。社会的名声と地位と名誉と高収入と財産を求めて人は生きている。それで幸せなのか、人生は何のためにあるのか、その問いを答えのなさを懐に大事に守りながら生きるのが、哲学的に生きることなのだと思う。分からないまま生き続けて、分からないまま死んでいくことも、人生の本当の姿であると思う。日本の昔の農村や山野で一生働き詰めで、仏典を学ぶことなく、短い人生を終えていった人々が数多く存在した。そういった人々を悟りを持たずに死んでいった可哀そうな人々と思う者は傲慢である。知ることがなぜ幸せなのか、生きるとは何か。哲学とは哲学書の中に書かれて存在するものとは限らない。

書かれていない、書かれることのない哲学書を求めよ。よい哲学入門書とは、勘違いであろうと思い過ごしであろうと一目ぼれだろうと胸がときめく本であり、それしかありえない。一人一人が自分の足跡で書いた本が一番よい哲学入門書なのだ。

＊　＊　＊

すっきりと分かりやすい哲学入門書は大嫌いだ。人生の分からなさを分かったように語ることに怒りを感じるからだ。人生とは分からないまま生きることであり、それが本当の姿である。一緒に迷い道を連れ立つことも大事なのだ。ヒュームが『人間本性論』において、共感(sympathy)を語ったとき、同じことを考え感じることではなく、同じことを考え感じようとする感情に先行する、他者との関係性を意味していた。だから、スピノザに共感するというのは、『エチカ』を理解した後に成立することとは限らない。そのとき、私たちはスピノザばかりでなく、ドゥンス・スコトゥスともトマス・アクィナスとも共感することができるのだ。分からなさが救いをもたらすこともある。「それがどうした！」という言葉が自分の心の底から湧き起こる。しかし、その声を聴き続けながら、哲学をし、生きていくしかない。分かるな！　悩め！　自分探しとは、その答えの分からなさを背負いながら歩み続けること、いや歩み続けられる能力とプロセスのことなのだ。それ以外に哲学を生きることの姿は存在しない。

あとがき

「倫理のレッスン」という題で「文學界」の二〇一九年一二月号から二〇二一年三月号まで一六回連載させてもらった。連載当時担当してもらったのは、長谷川恭平さん。奇しくも高等学校が同じだから、後輩ということになる。難渋の連載だった。コロナ禍のなか、読売新聞の書評委員もちょうど時期が重なり、さらには筑摩書房で『世界哲学史』のシリーズの編集にも加わり、無我夢中で駆け抜けた。原稿を受け取るだけでなく、編集をしていただき、本当にありがたかった。

そして単行本になるというお話をいただいた。今度は山本菜月さんにお世話になった。全体の構成から、内容面の吟味に至るまで、心を配っていただいた。連載と単行本とでは、順番を少し入れ替えたところがある。連載の最後を知ったうえで書き始めるのは難しい。さらに読みやすくなったのは山本さんのおかげだ。編集とは偉大な作業だとつくづく思う。

他者との関わりが声に始まり、そこから人間の網の目の秩序としての倫理が始まるのかもしれない。

連載のお声がけをいただいた編集長の丹羽健介さんにも御礼申し上げたい。

新型コロナとの終わりの見えない関わり、気温上昇などの環境変化など、生命のリレーを脅かす出来事が多い中、いつも新しい未来が次の世代に訪れることを祈りたい。

初出
「文學界」
二〇一九年一二月号〜二〇二一年三月号
終章・ブックガイドは、書き下ろし
DTP制作　ローヤル企画

山内《やまうち》志朗《しろう》

一九五七年、山形県生まれ。東京大学大学院博士課程単位取得退学。新潟大学人文学部教授を経て、慶應義塾大学文学部教授。専門は中世哲学、倫理学。その他、現代思想、修験道など幅広く研究・執筆活動を行う。著書に『ぎりぎり合格への論文マニュアル』（平凡社新書）、『普遍論争――近代の源流としての』（平凡社ライブラリー）、『小さな倫理学入門』（慶應義塾大学出版会）、『目的なき人生を生きる』（角川新書）、『過去と和解するための哲学』（大和書房）、『新版 天使の記号学――小さな中世哲学入門』（岩波現代文庫）、『自分探しの倫理学』（トランスビュー）、『無駄な死など、どこにもない――パンデミックと向きあう哲学』（ぷねうま舎）、編著に『世界哲学史』シリーズ（ちくま新書）ほか。

わからないまま考《かんが》える

二〇二一年十月三〇日　第一刷発行

著　者　山内《やまうち》志朗《しろう》

発行者　大川繁樹

発行所　株式会社 文藝春秋

〒102―8008 東京都千代田区紀尾井町三―二三

電話 〇三―三二六五―一二一一

印刷所　理想社

付物印刷所　萩原印刷

製本所　加藤製本

ISBN978-4-16-391455-8